# LÉGISLATION

DE

# L'ENSEIGNEMENT SECONDAIRE SPÉCIAL

PUBLIÉE ET ANNOTÉE

**Par MM. NAU et DELALAIN**

AUTEURS D'UN COMMENTAIRE
SUR LA LOI DE L'ENSEIGNEMENT.

PARIS.
IMPRIMERIE ET LIBRAIRIE CLASSIQUES
**De JULES DELALAIN et FILS**
RUE DES ÉCOLES, VIS-A-VIS DE LA SORBONNE.

# LÉGISLATION

DE

# L'ENSEIGNEMENT SECONDAIRE SPÉCIAL.

# LÉGISLATION

DE

# L'ENSEIGNEMENT SECONDAIRE SPÉCIAL

PUBLIÉE ET ANNOTÉE

**Par MM. NAU et DELALAIN**

AUTEURS D'UN COMMENTAIRE

SUR LA LOI DE L'ENSEIGNEMENT.

PARIS.

IMPRIMERIE ET LIBRAIRIE CLASSIQUES

**De JULES DELALAIN et FILS**

RUE DES ÉCOLES, VIS-A-VIS DE LA SORBONNE.

M DCCC LXIX.

# LÉGISLATION
## DE
# L'ENSEIGNEMENT SECONDAIRE SPÉCIAL.

### Loi portant organisation de l'enseignement secondaire spécial (24 juin 1865).

NAPOLÉON, par la grâce de Dieu et la volonté nationale, Empereur des Français, à tous présents et à venir, salut :

Avons sanctionné et sanctionnons, promulgué et promulguons ce qui suit :

LOI.

*Extrait du procès-verbal du Corps législatif.*

Le Corps législatif a adopté le projet de loi dont la teneur suit :

Art. 1er. L'enseignement secondaire spécial comprend :
L'instruction morale et religieuse ;
La langue et la littérature françaises ;
L'histoire et la géographie ;
Les mathématiques appliquées ;
La physique, la mécanique, la chimie, l'histoire naturelle, et leurs applications à l'agriculture et à l'industrie ;
Le dessin linéaire, la comptabilité et la tenue des livres.
Il peut comprendre en outre :
Une ou plusieurs langues vivantes étrangères ;
Des notions usuelles de législation, d'économie industrielle et rurale et d'hygiène ;
Le dessin d'ornement et le dessin d'imitation ;
La musique vocale et la gymnastique[1].

Art. 2. Dans les communes qui en font la demande, les colléges communaux peuvent être organisés en vue de cet enseignement, après avis du conseil académique.

1. Les programmes de cet enseignement ont été publiés le 6 avril 1866 ; ils ont été également réunis en un volume.

Art. 3. Il est institué un conseil de perfectionnement près de chacun des établissements dépendant du ministère de l'instruction publique où est donné l'enseignement secondaire spécial.

Art. 4. A la fin des cours, les élèves sont admis à subir, devant un jury dont les membres sont nommés par le ministre de l'instruction publique, un examen à la suite duquel ils obtiennent, s'il y a lieu, un diplôme.

Les élèves de l'enseignement libre peuvent se présenter devant le jury et obtenir le même diplôme.

Art. 5. La composition du conseil de perfectionnement, celle des jurys et les conditions d'examen sont réglées par des arrêtés délibérés en conseil impérial de l'instruction publique[1].

Art. 6. Le diplôme de bachelier peut être suppléé, pour l'ouverture d'un établissement libre d'enseignement secondaire spécial, par un brevet de capacité, à la suite d'un examen dont les programmes sont réglés par des arrêtés délibérés en conseil impérial de l'instruction publique[2].

Nul n'est admis à subir cet examen avant l'âge de dix-huit ans.

La condition de stage prescrite par l'article 60 de la loi du 15 mars 1850 n'est pas exigible[3].

Art. 7. Les établissements libres jouissent, pour l'enseignement secondaire spécial, du bénéfice de l'article 69 de la loi du 15 mars 1850[4].

Art. 8. Les dispositions de la présente loi ne font pas obstacle à ce que les chefs ou directeurs d'établissements d'in-

1. La composition des conseils de perfectionnement, celle des jurys d'examen pour le diplôme d'études et les conditions des épreuves de cet examen ont été réglées par deux arrêtés du 6 mars 1866 (p. 13 et 14).

2. Les conditions et les programmes d'examen pour le brevet de capacité ont été réglés par des arrêtés des 6 mars 1866 et 26 février 1869 (p. 14 et 79).

3. Aux termes de l'article 60 de la loi du 15 mars 1850, un stage de cinq ans, comme professeur ou surveillant, est exigé pour l'ouverture d'un établissement d'instruction secondaire libre. On peut ouvrir un établissement public d'instruction secondaire spéciale sans avoir à justifier de ce stage.

4. « Les établissements libres peuvent obtenir des communes, des départements ou de l'État, un local et une subvention, sans que cette subvention puisse excéder le dixième des dépenses annuelles de l'établissement.

« Les conseils académiques sont appelés à donner leur avis préalable sur l'opportunité de ces subventions.

« Sur la demande des communes, les bâtiments compris dans l'attribution générale faite à l'Université par le décret du 10 décembre 1808 pourront être affectés à ces établissements par décret du pouvoir exécutif. » (*Loi du* 15 *mars* 1850, *art.* 69.)

struction primaire, fondés en exécution de la loi du 28 juin 1833 sur l'instruction primaire et de celle du 15 mars 1850 sur l'enseignement, continuent à donner l'instruction primaire, prévue par ces deux lois.

Art. 9. A dater de la promulgation de la présente loi, l'enseignement primaire peut comprendre, outre les matières déterminées par le paragraphe 2 de l'article 23 de la loi du 15 mars 1850, le dessin d'ornement, le dessin d'imitation, les langues vivantes étrangères, la tenue des livres et des éléments de géométrie.

Délibéré en séance publique, à Paris, le 31 mai 1865.

*Le vice-président*,

SCHNEIDER.

*Les secrétaires*,

H. BUSSON-BILLAULT, SÉVERIN ABBATUCCI, LAFOND DE SAINT-MUR, comte LE PELLETIER D'AUNAY, H. DE SAINT-GERMAIN.

*Extrait du procès-verbal du Sénat.*

Le Sénat ne s'oppose pas à la promulgation de la loi portant organisation de l'enseignement secondaire spécial.

Délibéré et voté en séance, au palais du Sénat, le 13 juin 1865.

*Le président*,

TROPLONG.

*Les secrétaires*,

P. BOUDET, DUMAS, le comte DE BÉARN.

Vu et scellé du sceau de l'État :

*Le sénateur secrétaire*,

P. BOUDET.

Mandons et ordonnons que les présentes, revêtues du sceau de l'État et insérées au Bulletin des lois, soient adressées aux cours, aux tribunaux et aux autorités administratives, pour qu'ils les inscrivent sur leurs registres, les observent et les fassent observer, et notre ministre secrétaire d'État au département de la justice et des cultes est chargé d'en surveiller la publication.

Fait au palais des Tuileries, le 21 juin 1865.

NAPOLÉON.

Par l'Empereur :

*Le ministre d'État,*

E. ROUHER.

---

**Circulaire du ministre de l'instruction publique aux recteurs, relative à la composition des conseils de perfectionnement institués pour l'enseignement secondaire spécial** (5 juillet 1865).

Monsieur le recteur, au moment où la loi sur l'enseignement secondaire spécial, adoptée par les grands pouvoirs de l'État, est sur le point d'être promulguée, je crois devoir appeler votre plus sérieuse attention sur la nécessité d'organiser auprès des lycées et colléges pourvus de cet enseignement les conseils de perfectionnement prévus par la loi.

Je vous ai fait connaître déjà, par ma circulaire du 7 septembre 1864[1], combien il importe, pour l'avenir de l'enseignement spécial, que vos choix puissent se fixer plus particu-

1. Voici la partie de la circulaire du 7 septembre 1864, relative au choix des membres des conseils de perfectionnement :

« Le projet de loi sur l'enseignement spécial, qui a été présenté au Corps législatif dans la dernière session, porte qu'un conseil de perfectionnement sera institué auprès de chaque maison où le nouvel enseignement sera donné. Je dois attendre le vote de la chambre pour procéder à la nomination de ces conseils, mais l'expérience qui depuis un an se poursuit par l'application des programmes que je vous ai envoyés ne donnerait pas tous les résultats que j'en ai attendus, si les besoins particuliers à chaque localité n'étaient bien constatés. Ils le seront certainement par vous, monsieur le recteur. Toutefois, j'ai besoin, même pour la discussion au Corps législatif, d'avoir l'avis des hommes compétents de chaque ville. Je vous prie de consulter officieusement les personnes, au nombre de cinq ou de sept, que vous croiriez devoir, après le vote de la loi, me proposer pour faire partie des conseils de perfectionnement, c'est-à-dire les notabilités de l'industrie, du commerce, de l'agriculture et de l'administration. Il est inutile d'ajouter que ces personnes peuvent être choisies parmi les membres du bureau d'administration et de la commission d'hygiène. »

lièrement sur les notabilités de l'industrie, du commerce ou de l'administration, afin que les conseils soient partout l'expression intelligente des besoins des localités. L'expérience tentée sur quelques points nous a démontré la vérité de ce principe, et je ne puis que vous inviter de nouveau à vous en pénétrer dans vos choix. Vous voudrez bien vous occuper d'abord du soin de constituer les conseils de perfectionnement des lycées, et m'adresser vos présentations aussi promptement que possible.

La nomination des membres ne sera valable que pour une année; mais ils pourront être nommés de nouveau, lorsque vous jugerez utile de les représenter. Rien ne s'oppose, comme je vous l'ai dit dans ma circulaire précitée, à ce que vous appeliez dans ces conseils des notables appartenant déjà, soit à la commission d'hygiène, soit au bureau d'administration d'un même lycée.

Recevez, etc.

*Le ministre de l'instruction publique,*

V. Duruy.

---

**Instruction du ministre de l'instruction publique aux préfets, relative à la création d'une école normale pour la préparation à l'enseignement spécial** (9 août 1865).

Monsieur le préfet, dans les discussions auxquelles la loi sur l'enseignement spécial a donné lieu au sein des grands corps de l'État, comme dans le pays, l'opinion s'est produite que, pour cet enseignement nouveau, il fallait un nouveau personnel enseignant.

A la rigueur, l'Université pourrait suffire, avec les professeurs dont elle dispose, aux besoins qui se produiront dans ceux des lycées où l'enseignement spécial s'établira d'une manière définitive; mais il est évident que ni les écoles normales primaires des départements où se recrutent les instituteurs, ni l'école supérieure de Paris qui prépare des professeurs pour les hautes études, ne pourront former des maîtres qui auront à donner, dans plus de deux cents colléges et dans les grandes écoles communales, cet enseignement intermédiaire qui, par en bas, confine à celui de l'école primaire, et par en haut se rapproche de celui des lycées. Or cet enseignement exige des connaissances, des méthodes, des procédés de manipulation, une étude, enfin, et une pratique des sciences appliquées qui ne seront bien acquises que dans une école spéciale où toute application nouvelle des sciences serait immédiatement connue et expérimentée, ce qui permettrait de la répandre par l'enseignement, vite et bien, dans le pays tout entier.

Aussi l'administration de l'instruction publique a l'intention d'organiser une école spéciale à Cluny[1], dans l'ancienne abbaye des bénédictins, où vivent encore de grands et précieux souvenirs de piété, de science et de travail, dans une riche province où se trouvent toutes les cultures, céréales, prairies, vignes et bois, à proximité d'un grand centre industriel, le Creuzot; d'un grand centre commercial, Lyon, et non loin de Saint-Étienne et de ses mines, c'est-à-dire dans le milieu le plus favorable à l'instruction des élèves-maîtres.

On y entrera par un concours, car il est nécessaire d'exiger des candidats une moyenne à peu près égale d'instruction, pour qu'il n'y ait pas dans les études de l'école de trop grandes inégalités. On en sortira par un examen public qui sera l'*agrégation* de l'enseignement spécial.

L'école sera ouverte à des pensionnaires libres, pour que tout le monde puisse profiter de ses leçons; mais l'État y entretiendra des bourses en faveur des maîtres qu'il aura besoin d'y recruter pour ses lycées.

Si les villes et les départements, plus directement intéressés que l'État à la création de cette école, faisaient comme lui, le pays se trouverait, dès l'an prochain, doté presque sans frais d'une grande institution, et le vœu du législateur pour la diffusion de l'enseignement nouveau serait promptement réalisé.

Pour les départements, la dépense serait à peu près nulle. Chacun d'eux, sauf un bien petit nombre, renferme une école normale primaire qui est entretenue en très-grande partie à l'aide de bourses départementales. Toutes ces bourses ne sont pas toujours utilisées, et leur nombre varie souvent. Il suffirait d'en prendre une ou deux pour les appliquer à l'école spéciale. Et comme l'élève ainsi entretenu à Cluny par le département pourrait n'être pas compté à l'école normale primaire, il n'y aurait, pour ainsi dire, qu'un simple virement de fonds à opérer. Ce ne serait même pas un déficit pour le personnel enseignant du département, puisque le maître qu'il perdrait ainsi dans son école normale, le département le retrouverait avec avantage dans celle de Cluny.

Les boursiers départementaux devront-ils, comme les boursiers de l'État, être soumis au concours, ou leur suffira-t-il de justifier qu'ils ont obtenu le brevet primaire supérieur? Pour le bon recrutement de l'école, le concours vaudrait

1. Cette école a été instituée par décret du 28 mars 1866 (p. 21).

mieux; mais comme il entraînerait nécessairement des éliminations, on se trouverait dans cette situation que des départements qui auraient constitué des bourses à Cluny n'auraient point d'élèves à eux dans cette école. En outre, la désignation laissée au département aura un double effet : d'abord, de donner aux élèves de l'école normale primaire une vive émulation ; ensuite, de constituer pour l'élève de Cluny une sorte de tutelle qui le suivra à l'école et le reprendra à la sortie.

Du reste, toutes ces questions seront soumises au conseil impérial de l'instruction publique dans sa prochaine session. Mais ce qui ne fait pas doute, c'est que, si l'État reste seul à constituer des bourses à Cluny pour ses besoins particuliers, l'école n'aura qu'une utilité restreinte. Il n'en serait pas ainsi dans le cas du concours des départements. L'influence de la nouvelle loi se ferait bientôt sentir dans le pays tout entier, et si, d'ici à quelques années, toute ville importante possédait parmi ses maîtres un ancien élève de Cluny, cet enseignement si bien approprié aux besoins nouveaux de notre société se trouverait fondé.

Je suis certain que la faveur publique s'attacherait promptement à la nouvelle école ainsi constituée. Quant à ses élèves, ceux d'entre eux qui subiront avec succès les épreuves de l'examen de sortie trouveront un fructueux emploi de leur savoir dans les cours spéciaux des lycées et des colléges ; dans les écoles normales, comme maîtres adjoints ; dans les écoles publiques où un grand nombre de villes organisent déjà, soit pour les enfants, soit pour les adultes, des cours supérieurs à ceux de l'école primaire la plus complète. En outre, l'administration de l'instruction publique prendra en très-sérieuse considération le diplôme de Cluny pour la candidature à l'inspection primaire, parce que la surveillance et la direction des cours d'adultes deviendront une des fonctions les plus importantes des inspecteurs de cet ordre. Enfin, je compte demander à l'Empereur de conférer à l'agrégation spéciale de la nouvelle école une partie des avantages attachés au titre d'agrégé de l'Université.

Quant aux pensionnaires libres qui viendront à Cluny, je suis assuré que certaines administrations publiques, de grandes compagnies et l'industrie privée leur fourniront volontiers des postes en considération des garanties de connaissances spéciales que le nouveau diplôme représentera.

Par toutes ces raisons, je vous prie, monsieur le préfet, de demander au conseil général de votre département la création d'une bourse à l'école de Cluny. Déjà, l'an dernier, je vous avais chargé de pressentir à ce sujet l'opinion de MM. les conseillers généraux, et, bien que ma communication soit arrivée à la veille seulement de la session, un grand nombre de conseils ont donné à la mesure proposée une adhésion qu'il serait opportun de traduire cette année en un vote effectif.

Comme l'administration désire que tous les services à Cluny soient largement dotés afin d'y fonctionner bien, sous un personnel administratif très-restreint, mais avec des professeurs excellents; comme il faut que rien ne manque, pour les études pratiques, dans les laboratoires, les collections et au jardin d'expérimentation, il conviendrait de porter le prix de la bourse plus haut qu'à l'école normale primaire et de la fixer à 800 francs.

Je vous prie également de me faire connaître l'avis du conseil sur le meilleur mode de recrutement des boursiers départementaux.

Recevez, etc.

*Le ministre de l'instruction publique,*

V. Duruy.

---

**Décret impérial, créant un conseil supérieur de perfectionnement pour l'enseignement secondaire spécial (26 août 1865).**

**Rapport à l'Empereur.**

Sire, une loi récemment promulguée permet enfin au gouvernement de Votre Majesté de fortifier et d'étendre l'enseignement spécial dans les établissements scolaires qui en possèdent déjà ou qui bientôt en réuniront librement les éléments. L'agriculture, l'industrie et le commerce ont un intérêt égal à cette importante création, à laquelle vont concourir toutes les forces vives du pays : l'État, les départements, les villes et les particuliers.

Au moment, en effet, où la France est appelée à lutter sur son propre marché, comme sur les places de commerce les plus lointaines, avec l'industrie du monde entier, il ne lui suffit plus d'avoir à la disposition de ses ateliers les ouvriers si heureusement doués qui les peuplent et les chefs si habiles que nos grandes usines empruntent à l'École polytechnique ou reçoivent de l'École centrale des arts et manufactures. Elle a besoin encore de nombreux contre-maîtres dont la main ait été exercée par la pratique, mais aussi dont la pensée ne soit pas restée étrangère à cette culture qu'il appartient à la théorie de donner.

L'enseignement spécial représente ce dernier élément des connaissances qu'il s'agit de répandre dans la classe moyenne des producteurs ; la pratique de l'atelier peut seule fournir le premier.

Mais il sortira des écoles spéciales de futurs agriculteurs, industriels ou commerçants en état de comprendre la langue de la science qu'ils iront ensuite chercher dans les livres, et d'apprécier les ressources que les doctrines scientifiques fournissent au travail, dont elles augmentent la fécondité tout en diminuant les fatigues.

Rendus de bonne heure à leurs familles, ils pourront encore, avant que l'âge de la responsabilité arrive, subir toutes les épreuves de lente initiation que le travail de la main exige pour se convertir en une sorte d'instinct perfectionné. Cette instruction, d'un caractère encore général dans sa spécialité, sera, de plus, la meilleure des préparations pour les jeunes gens qui voudront achever leur enseignement professionnel dans les écoles d'arts et métiers et dans les écoles d'application technique dont Votre Majesté a donné l'ordre à M. le ministre des travaux publics de lui soumettre l'organisation.

L'atelier de la France, après la tutelle nécessaire des corporations, maîtrises et jurandes, avait à chercher sa constitution nouvelle ; le siècle actuel la lui aura donnée. En tête, les élèves des grandes écoles et des cours supérieurs de l'enseignement spécial ; dans la région moyenne, les nouveaux sous-officiers de l'industrie, capables de comprendre les instructions de leurs chefs et d'en assurer l'exécution ; partout, cette population d'ouvriers propres à tous les travaux de la force intelligente, de la précision et du goût, que les cours spéciaux auront aussi en partie formés.

Cet enseignement ne peut prétendre à embrasser dans chaque école l'étude de toutes les matières et de toutes les forces que l'agriculture, l'industrie manufacturière et le commerce mettent en jeu. Lui imposer cette tâche encyclopédique serait préparer sa ruine. Son programme est fondé sur un principe, l'éducation des classes industrielles ; il indique une méthode, la science étudiée dans ses applications ; il a donc une véritable unité, et il importera de lui conserver ce caractère dans les grandes écoles publiques, mais il n'est pas impératif. Il doit rester assez flexible dans l'exécution pour se plier, selon les circonstances et les lieux, aux besoins des populations, qui sont tantôt attirées par les travaux de la campagne, tantôt par ceux des industries urbaines, et dont nous augmenterons la puissance de production et le bien-être en les rendant capables de comprendre et de réaliser dans les œuvres de l'industrie ou de l'art industriel, ici la pureté des formes, là l'heureuse combinaison des couleurs, ailleurs les conceptions de la mécanique, les progrès soudains de la chimie ou les découvertes lointaines des voyages et des sciences naturelles.

Pour atteindre ce but mobile et multiple, un programme uniforme ferait obstacle. Tout en résistant aux entraînements et aux caprices, il doit être permis de céder aux exigences fondées sur la nature des choses. C'est pour cela que la loi a sagement décrété l'établissement d'un conseil de perfectionnement auprès de chaque grande école spéciale, dans le but d'y préparer et d'y maintenir cette pondération nécessaire entre les études des élèves et les besoins de leur avenir. Ces conseils me signaleront, pour les maisons de l'État, les modifications à introduire dans les cours, et leur vigilance préviendra ou corrigera les erreurs de détail inséparables d'une entreprise aussi complexe. Mon intention serait de centraliser leurs efforts par la création d'un conseil supérieur de perfectionnement placé auprès de mon administration.

La surveillance de l'école normale de Cluny lui serait confiée. Il prendrait connaissance de tous les documents de nature à intéresser le nouvel enseignement, soit qu'ils me fussent adressés par les recteurs et les inspecteurs, soit qu'ils fussent fournis par des missions accomplies à l'étranger.

L'étude de ces divers éléments et leur appréciation par le conseil supérieur de perfectionnement prépareraient les décisions que je serais appelé à proposer à Votre Majesté ou à soumettre au conseil impérial de l'instruction publique.

C'est ainsi que toute expérience serait mise à profit, et que les succès ou les mécomptes de chacune des écoles profiteraient à tous. Le bien irait se propageant et se fortifiant, le mal serait arrêté dès son origine ou corrigé à la source même.

L'entreprise que Votre Majesté m'a ordonné de poursuivre est grande ; les moyens d'exécution sont restreints encore. Une solution pratique, heureuse et prompte, est pourtant aussi nécessaire que désirée ; c'est pour l'obtenir que j'aimerais à m'appuyer sur la bonne volonté et les lumières des hommes les plus dévoués et les plus compétents.

Si Votre Majesté daignait m'encourager dans cette voie, j'aurais l'honneur de soumettre à son approbation le décret qui constitue le conseil supérieur des écoles d'enseignement spécial et qui en désigne les membres.

Je suis avec le plus profond respect, sire, de Votre Majesté le très-humble et très-obéissant serviteur.

*Le ministre de l'instruction publique,*

V. Duruy.

## Décret impérial.

NAPOLÉON, par la grâce de Dieu et la volonté nationale, Empereur des Français, à tous présents et à venir, salut :

Sur le rapport de notre ministre secrétaire d'État au département de l'instruction publique,

Vu l'article 3 de la loi du 21 juin 1865,

Avons décrété et décrétons ce qui suit :

Art. 1er. Un conseil supérieur de perfectionnement pour l'enseignement secondaire spécial est créé au ministère de l'instruction publique, sous la présidence du ministre.

Art. 2. Sont nommés membres du conseil supérieur de perfectionnement de l'enseignement secondaire spécial pour l'année scolaire 1865-1866[1] :

M. Dumas, sénateur, membre de l'Institut, inspecteur général pour l'enseignement supérieur, fondateur de l'École centrale des arts et manufactures ;

M. Chauchard, député au Corps législatif ;

M. Werlé, maire de Reims, député au Corps législatif ;

M. Boulatignier, conseiller d'État ;

M. Charles Robert, conseiller d'État, secrétaire général du ministère de l'instruction publique ;

M. Pasteur, membre de l'Institut, administrateur de l'École normale supérieure ;

M. le général Morin, membre de l'Institut, directeur du Conservatoire des arts et métiers ;

M. Joseph Bertrand, membre de l'Institut, professeur de physique générale et mathématique au collége de France, professeur d'analyse à l'École polytechnique ;

M. Jamin, professeur de physique à la faculté des sciences et à l'École polytechnique ;

M. Brongniart, membre de l'Institut, professeur de botanique et de physiologie végétale au Muséum d'histoire naturelle, inspecteur général pour l'enseignement supérieur ;

M. Milne-Edwards, membre de l'Institut, professeur de zoologie au Muséum d'histoire naturelle, doyen de la faculté des sciences ;

M. Coste, membre de l'Institut, professeur d'embryogénie comparée au collége de France, inspecteur général des pêches ;

1. Depuis cette époque, plusieurs mutations ont eu lieu dans la composition de ce conseil, dont les membres sont soumis à réélection tous les ans.

M. Decaisne, membre de l'Institut, professeur de culture au Muséum d'histoire naturelle;

M. de Monny de Mornay, directeur de l'agriculture, du commerce et des travaux publics;

M. Magne, directeur de l'École vétérinaire d'Alfort;

M. Perdonnet, ingénieur, administrateur des chemins de fer de l'Est;

M. Maniel, ingénieur en chef des ponts et chaussées;

M. Denière fils, secrétaire à la chambre de commerce de Paris;

M. Jean Dollfus, manufacturier, maire de Mulhouse;

M. Mourier, vice-recteur de l'académie de Paris;

M. Danton, inspecteur général pour l'enseignement secondaire;

M. Faye, inspecteur général pour l'enseignement secondaire;

M. Baudouin, inspecteur général pour l'enseignement primaire;

M. Dubief, inspecteur d'académie, chargé du service de l'instruction publique à la préfecture de la Seine;

M. Marguerin, directeur de l'école Turgot;

M. Cornu, peintre d'histoire;

M. Dufresne, sculpteur.

Art. 3. M. Dumas est nommé vice-président du conseil supérieur de perfectionnement pour l'enseignement secondaire spécial.

M. Charles Robert est nommé secrétaire dudit conseil.

M. A. Duruy, chef du cabinet du ministre de l'instruction publique, est nommé secrétaire adjoint.

Art. 4. Notre ministre de l'instruction publique est chargé de l'exécution du présent décret.

Fait au palais de Fontainebleau, le 26 août 1865.

NAPOLÉON.

Par l'Empereur :

*Le ministre de l'instruction publique*,

V. Duruy.

**Arrêté du ministre de l'instruction publique, relatif à la composition des conseils de perfectionnement institués près des établissements publics d'enseignement secondaire spécial** (6 mars 1866).

Le ministre secrétaire d'État au département de l'instruction publique,

Vu les articles 3 et 5 de la loi du 21 juin 1865;

Vu le décret du 26 août 1865, portant constitution d'un conseil supérieur de perfectionnement pour l'enseignement secondaire spécial;

Après avis du conseil supérieur, et le conseil impérial entendu,

Arrête:

Art. 1er. Les conseils de perfectionnement institués près des établissements publics d'enseignement secondaire spécial sont composés ainsi qu'il suit, savoir :

Le maire, président;

Le proviseur ou le principal;

Cinq à dix membres, nommés pour trois ans par le ministre, sur la désignation du recteur, et particulièrement choisis parmi les fonctionnaires de l'ordre civil et militaire et les notables commerçants, industriels et agriculteurs.

Le conseil nomme lui-même son secrétaire.

Le recteur de l'académie prend part, quand il le juge convenable, aux travaux des conseils de perfectionnement, et en a la présidence lorsqu'il assiste aux réunions.

L'inspecteur d'académie est membre de droit de tous les conseils de perfectionnement du département.

Art. 2. Le conseil de perfectionnement se réunit au moins trois fois par an : après la rentrée des classes, au moment des examens qui terminent le premier semestre et à la fin de l'année scolaire. Il donne son avis sur les matières du programme général, qu'il importe de développer ou de restreindre selon les besoins de la localité, et sur les améliorations que comporte l'enseignement.

Il délègue deux de ses membres pour vérifier l'état des collections et des bibliothèques de quartier, et pour se concerter avec le chef de l'établissement sur les moyens de faciliter aux élèves la visite des manufactures, des usines et des exploitations agricoles.

Le conseil peut déléguer un ou plusieurs de ses membres pour visiter les classes, assister aux leçons des professeurs et lui rendre compte de l'état de l'enseignement.

Tous les ans, à la fin de l'année scolaire, le conseil de perfectionnement adresse au ministre, par l'intermédiaire du recteur, un rapport sur la marche de l'enseignement. Ce rapport peut être rendu public avec l'autorisation du ministre.

Les commissions chargées des examens à la fin du premier semestre et à la fin de l'année scolaire sont présidées par l'inspecteur d'académie et, à son défaut, par un membre du conseil de perfectionnement désigné par le conseil.

Art. 3. Le conseil de perfectionnement exerce, à l'égard des élèves de l'établissement auprès duquel il est placé, les attributions d'un comité de patronage, et peut, pour cet objet, s'adjoindre un nombre d'anciens élèves égal à celui de ses membres.

Le conseil, en tant que comité de patronage, est particulièrement chargé de la tutelle morale des élèves boursiers. Ceux des élèves qui auraient mérité un avertissement peuvent être appelés par le chef de l'établissement devant le comité de patronage.

Le conseil adresse tous les ans un rapport au ministre, avant l'époque de la réunion du conseil supérieur, sur la situation des boursiers et, en général, sur toutes les questions relatives au patronage à exercer en faveur des élèves sortants.

Art. 4. Il est tenu procès-verbal des séances sur un registre particulier, qui reste déposé dans l'établissement. Une expédition du procès-verbal de chaque séance est transmise au recteur de l'académie.

Fait à Paris, le 6 mars 1866.

V. DURUY.

---

**Arrêté du ministre de l'instruction publique, relatif aux examens pour les diplômes et brevets de l'enseignement secondaire spécial et à la composition des jurys chargés de ces examens** (6 mars 1866).

Le ministre secrétaire d'État au département de l'instruction publique,

Vu les articles 4 et 6 de la loi du 21 juin 1865;

Après avis du conseil supérieur, et le conseil impérial entendu,

Arrête :

Art. 1er. Il est institué, dans chaque département, un jury chargé d'examiner les élèves de l'enseignement secondaire spécial, public ou libre, qui se présenteront pour l'obtention d'un diplôme d'études.

Ce jury, nommé pour trois ans par le ministre, sur la proposition du recteur, est composé de trois membres : un pour les lettres, deux pour les sciences. Des membres leur seront adjoints, s'il y a lieu, pour le dessin, pour les langues vivantes étrangères et autres matières de l'enseignement facultatif.

Le jury se réunit deux fois par an, au mois d'août et au mois de novembre.

Art. 2. Les épreuves sont écrites et orales.

L'épreuve écrite est éliminatoire; elle comprend trois compositions : une composition française, une composition de mathématiques, une composition de physique et de chimie. La durée de chaque composition est de trois heures; les sujets de composition sur les mathématiques, la physique et la chimie sont pris dans les programmes des cours de la troisième et de la quatrième année de l'enseignement spécial.

L'épreuve orale porte sur toutes les matières des cours de troisième et de quatrième année du programme de l'enseignement spécial.

Une épreuve est consacrée au dessin.

Art. 3. Il est institué, au chef-lieu de chaque académie, un jury chargé d'examiner les candidats au brevet de capacité institué par l'article 6 de la loi du 21 juin 1865[1].

Ce jury, composé de cinq membres nommés pour trois ans par le ministre, est présidé par un professeur de faculté.

Art. 4. Les dispositions du paragraphe 1er de l'article 2 du présent arrêté sont applicables aux épreuves écrites de l'examen pour le brevet de capacité.

L'examen oral porte sur les matières comprises dans le programme obligatoire de l'article 1er de la loi du 21 juin 1865[2]. Les candidats qui en font la demande peuvent être examinés sur les matières facultatives[3].

Fait à Paris, le 6 mars 1866.

V. DURUY.

1. Voir l'article 6 de la loi du 21 juin 1865 (p. 2).

2. Aux termes de l'article 1er de la loi du 21 juin 1865, les matières obligatoires de l'enseignement secondaire spécial sont : l'instruction morale et religieuse; la langue et la littérature françaises; l'histoire et la géographie; les mathématiques appliquées; la physique, la mécanique, la chimie, l'histoire naturelle, et leurs applications à l'agriculture et à l'industrie; le dessin linéaire, la comptabilité et la tenue des livres (p. 1).

3. Les dispositions de cet arrêté ont été modifiées, en ce qui concerne le brevet de capacité, par l'arrêté du 26 février 1869 (p. 79).

**Arrêté du ministre de l'instruction publique, relatif aux conditions d'admission aux bourses des lycées pour l'enseignement secondaire spécial** (6 mars 1866).

Le ministre secrétaire d'État au département de l'instruction publique,

Vu la loi du 21 juin 1865, relative à l'enseignement secondaire spécial;

Vu le décret du 7 février 1852 portant règlement pour la collation des bourses impériales, départementales et communales dans les lycées et colléges;

Vu l'article 6, § dernier, de l'arrêté du 9 février 1852,

Arrête :

Art. 1er. Pour être admis à l'examen des bourses de l'enseignement spécial, les candidats aux bourses impériales, départementales ou communales doivent avoir dix ans accomplis et n'avoir pas plus de quinze ans.

Ils sont réunis pour l'examen de la manière suivante :

1° Les candidats de dix à douze ans (cours préparatoire);

2° Les candidats de douze à treize ans;

3° Les candidats de treize à quinze ans.

Art. 2. L'examen comprend, pour chaque série de candidats, une épreuve écrite et une épreuve orale.

Art. 3. L'épreuve écrite consiste :

Pour les deux premières séries, en une dictée française de force un peu différente et qui servira en même temps d'exercice d'écriture;

Pour la troisième série, en un exercice de composition ou d'analyse littéraire.

L'épreuve orale consiste :

Pour la première série, en une lecture ou une récitation à haute voix d'une ou plusieurs fables des cinq premiers livres de fables de La Fontaine, en interrogations sur les éléments de la langue française et du calcul;

Pour la deuxième série, en interrogations sur les matières qui forment l'enseignement de l'année préparatoire et sur les principes de la grammaire anglaise ou allemande, sur l'histoire de France pendant le moyen âge, sur la géographie des divers États européens à la même époque, sur des notions d'arithmétique et de géométrie plane;

Pour la troisième série, en interrogations sur les matières qui forment l'enseignement de la première année normale.

Art. 4. Les dispositions de l'article 7 de l'arrêté du 9 février 1852[1] sont applicables aux candidats aux bourses pour l'enseignement spécial.

Fait à Paris, le 6 mars 1866.

V. DURUY.

---

**Décret impérial, fixant le régime financier de l'enseignement secondaire spécial et créant une agrégation pour cet enseignement** (28 mars 1866).

NAPOLÉON, par la grâce de Dieu et la volonté nationale, Empereur des Français, à tous présents et à venir, salut :

Sur la proposition de notre ministre secrétaire d'État au département de l'instruction publique ;

Vu le décret du 17 mars 1808, article 122 ; le statut du 6 février 1821 ;

Vu la loi du 15 mars 1850, les décrets des 16 avril et 17 août 1853 et du 26 juin 1858 ;

Vu la loi du 14 juin 1854 et les décrets du 22 août 1854 et du 27 juillet 1859 ;

Vu la loi du 21 juin 1865 et le décret du 26 août suivant, qui crée un conseil supérieur de perfectionnement pour l'enseignement secondaire spécial au ministère de l'instruction publique ;

Notre conseil d'État entendu,

Avons décrété et décrétons ce qui suit :

## SECTION I^re^.

### *Du personnel enseignant.*

Art. 1^er^. Il est institué un ordre particulier d'agrégation pour l'enseignement secondaire spécial.

1. « Le résultat de chacune des deux épreuves écrite et orale est apprécié par un chiffre, *dix* exprimant la note la plus favorable.

« Les candidats qui n'auraient pas mérité, dans les résultats comparés des deux épreuves, au moins la moyenne *cinq*, ne sont pas reconnus aptes aux études secondaires et ne peuvent obtenir une bourse dans les lycées ou colléges.

« La liste des candidats déclarés admissibles est certifiée par le président ; elle contient les noms, prénoms, dates et lieux de naissance

Les agrégés sont nommés à la suite d'épreuves publiques.

Les formes et conditions des épreuves de l'agrégation pour l'enseignement spécial sont déterminées par un règlement délibéré en conseil impérial de l'instruction publique, après avis du conseil supérieur de perfectionnement[1].

Art. 2. Une indemnité annuelle de 400 fr. peut être accordée aux agrégés qui se trouvent momentanément sans emploi.

Elle peut l'être également à ceux qui sont pourvus d'une nomination ministérielle, lorsque leur traitement fixe et éventuel est inférieur à 1,800 fr.

Lorsque le traitement est égal ou supérieur à 1,800 fr., l'indemnité jointe au traitement ne peut excéder 2,200 fr.

Art. 3. Les professeurs titulaires de l'enseignement secondaire spécial dans les lycées sont pris exclusivement, soit parmi les agrégés de l'enseignement secondaire spécial, soit parmi les agrégés de tout ordre de l'enseignement secondaire.

Art. 4. Peuvent être nommés maîtres élémentaires, maîtres répétiteurs et aspirants répétiteurs de l'enseignement secondaire spécial dans les lycées, les candidats pourvus du brevet de capacité institué par l'article 6 de la loi du 21 juin 1865[2], et les instituteurs primaires.

Art. 5. Les professeurs titulaires, les professeurs divisionnaires, les chargés de cours et les maîtres élémentaires des lycées attachés à l'enseignement secondaire classique peuvent être, en outre, appelés à concourir à l'enseignement spécial, jusqu'à concurrence du nombre d'heures de service auquel ils sont tenus par les règlements.

## Section II.

### *Des traitements, des pensions, bourses et subventions.*

Art. 6. Les traitements fixes des professeurs titulaires de l'enseignement secondaire spécial dans les lycées sont réglés ainsi qu'il suit :

desdits candidats, avec l'indication de la moyenne qu'ils ont obtenue. Elle est adressée au ministre.

« Il en est délivré un extrait, au secrétariat de la préfecture, aux parents des candidats, qui doivent joindre cette pièce à leur demande d'une bourse impériale, départementale ou communale. » (*Arrêté du 9 février* 1852, *art.* 7.)

1. Les dispositions de cet article ont été modifiées par les arrêtés des 24 décembre 1866 (p. 45), 14 février 1867 (p. 52) et 27 février 1869 (p. 81).

2. Voir la loi du 21 juin 1865 (p. 1) et l'arrêté du 6 mars 1866 relatif aux brevets et diplômes de l'enseignement secondaire spécial (p. 14).

| | | |
|---|---|---|
| Paris et Versailles. | Classe unique. . . . . | 2,000 fr. |
| Départements. | 1re classe. . . . . . . . | 1,800 |
| | 2e classe. . . . . . . . | 1,500 |
| | 3e classe. . . . . . . . | 1,200 |

Les professeurs titulaires de l'enseignement secondaire spécial dans les lycées reçoivent en outre, à titre de traitement éventuel, une part dans les prélèvements autorisés par l'article 10 du décret du 16 avril 1853[1] et par l'article 7 ci-après. Ils jouissent généralement de tous les avantages accordés par les règlements aux professeurs titulaires de leur emploi.

Art. 7. Il est opéré, sur le montant de la pension payée par chaque élève pensionnaire ou demi-pensionnaire des cours de l'enseignement secondaire spécial dans les lycées, un prélèvement dont le taux sera fixé par le ministre de l'instruction publique en conseil impérial, dans la limite des 9/100es et des 5/10es déterminés par le paragraphe 3 de l'article 10 du décret du 16 avril 1853.

Les sommes provenant de ce prélèvement sont employées, concurremment avec celles dont le prélèvement a lieu aux termes de l'article 10 du décret du 16 avril 1853, au payement des traitements éventuels.

Art. 8. Les professeurs divisionnaires, les chargés de cours et les maîtres élémentaires de l'enseignement secondaire spécial dans les lycées reçoivent seulement un traitement fixe. Ce traitement est déterminé ainsi qu'il suit :

*Professeurs divisionnaires et chargés de cours.*

| | | |
|---|---|---|
| Paris et Versailles. . . . . . . . . . . . | | 2,400 fr. |
| Départements. | 1re classe. . . . . . . . | 1,800 |
| | 2e classe. . . . . . . . | 1,500 |

*Maîtres élémentaires.*

| | | |
|---|---|---|
| Paris et Versailles . . . . . . . . . . . . | | 1,400 |
| Départements. | 1re classe. . . . . . . . | 1,200 |
| | 2e classe. . . . . . . . | 1,000 |

Une indemnité de nourriture de 500 fr., non soumise à la retenue, peut être accordée aux maîtres élémentaires qui

1. « Indépendamment des traitements fixes, un traitement éventuel est distribué par égales portions entre les fonctionnaires.....» (*Décret du* 16 *avril* 1853, *art.* 10, § 1er.)

seront dispensés de la résidence au lycée, par décision ministérielle.

Art. 9. Les traitements des surveillants généraux, maîtres répétiteurs et aspirants répétiteurs attachés aux cours de l'enseignement secondaire spécial sont réglés ainsi qu'il suit :

*Surveillants généraux.*

| | |
|---|---|
| Paris et Versailles . . . . . . . . . . . . . | 1,800 fr. |
| Départements. . . . . . . . . . . . . . . . | 1,500 |

*Maîtres répétiteurs.*

| | | |
|---|---|---|
| Paris et Versailles. | 1re classe. . . . . . . . | 1,200 |
| | 2e classe. . . . . . . . | 1,000 |
| | Aspirants . . . . . . . | 700 |
| Départements. | 1re classe. . . . . . . . | 1,000 |
| | 2e classe. . . . . . . . | 800 |
| | Aspirants . . . . . . . | 600 |

Art. 10. Les professeurs divisionnaires, les chargés de cours, les maîtres élémentaires, les surveillants généraux et maîtres répétiteurs de 1re classe de l'enseignement secondaire spécial dans les lycées peuvent, après cinq ans, obtenir, à titre de rémunération, une augmentation de 200 fr.

Art. 11. Le prix de la pension, de la demi-pension, de l'externat surveillé et de l'externat, pour les élèves suivant les cours de l'enseignement secondaire spécial dans les lycées, est égal aux prix correspondants de la division élémentaire pour l'année du cours préparatoire et à ceux de la division de grammaire pour les années suivantes. Il est ajouté aux rétributions annuelles des élèves externes une somme de 25 fr., applicable aux frais de manipulation et aux dépenses des cours de dessin.

Art. 12. La durée de la concession des bourses pour l'enseignement spécial est de cinq ans.

Il peut être accordé une année supplémentaire.

Art. 13. Lorsqu'une commune a voté, pour une période de cinq ans au moins, un subside pour l'organisation et l'entretien, soit d'un collége communal affecté à l'enseignement spécial, soit de cours publics ou libres sur les matières de cet enseignement, il peut être accordé à ladite commune, par décision ministérielle, une subvention sur les fonds de l'État.

Art. 14. Notre ministre de l'instruction publique est chargé de l'exécution du présent décret.

Fait au palais des Tuileries, le 28 mars 1866.

NAPOLÉON.

Par l'Empereur :

*Le ministre de l'instruction publique,*

V. Duruy.

---

**Décret impérial, portant création d'une École normale destinée à former des maîtres pour l'enseignement secondaire spécial (28 mars 1866).**

NAPOLÉON, par la grâce de Dieu et la volonté nationale, Empereur des Français, à tous présents et à venir, salut :

Sur la proposition de notre ministre de l'instruction publique ;

Vu la loi du 21 juin 1865 et celle du 15 mars 1850 ;

Après avis du Conseil supérieur, et le Conseil impérial de l'instruction publique entendu,

Avons décrété et décrétons ce qui suit :

Art. 1er. Il est créé une école normale destinée à former des maîtres pour l'enseignement secondaire spécial.

Art. 2. Il est pourvu au recrutement de cette école au moyen de bourses fondées par l'État, par les départements, par les communes ou par les particuliers.

L'école reçoit, en outre, des élèves payants, moyennant un prix de pension déterminé par le ministre de l'instruction publique.

Art. 3. Les candidats aux bourses et les élèves payants doivent remplir les conditions suivantes :

1° Avoir au moins dix-huit ans accomplis et au plus vingt-cinq ans au 1er octobre de l'année dans laquelle ils se présentent ;

2° Justifier, soit du brevet primaire complet ou du diplôme institué par l'article 4 de la loi du 21 juin 1865[1], soit du certificat d'admissibilité à l'école centrale des arts et manufactures, soit du diplôme de bachelier ès lettres ou ès sciences ;

1. Voir la loi du 21 juin 1865 (p. 1).

3° Avoir subi avec succès les épreuves d'un concours ou d'un examen sur les matières choisies par le ministre, après avis du conseil supérieur de perfectionnement, le conseil impérial de l'instruction publique entendu, parmi celles qui sont énumérées dans la partie facultative de l'article 23 de la loi du 15 mars 1850 et dans l'article 9 de la loi du 21 juin 1865.

Art. 4. Le concours ou l'examen s'effectue au chef-lieu du département, ou dans une autre localité du même département désignée par le ministre.

Il comprend des épreuves écrites et des épreuves orales.

Les épreuves écrites, faites sous la surveillance de l'inspecteur d'académie ou de son délégué, sont au nombre de trois.

Les résultats de l'examen oral sont consignés dans un rapport qui est joint aux compositions des candidats.

Art. 5. Les bourses fondées par l'État sont données au concours; la liste des concurrents est arrêtée par le ministre.

Art. 6. Les conseils généraux et les conseils municipaux ont la faculté d'opter, pour l'attribution des bourses fondées par les départements et par les communes, entre le concours ou l'examen mentionnés au paragraphe 3 de l'article 3. Ils déterminent d'ailleurs les autres conditions d'admission et le mode de nomination des boursiers.

Les particuliers ont la même faculté pour les bourses qu'ils fondent.

Art. 7. Les élèves payants peuvent être dispensés par le ministre des justifications exigées par le numéro 2 de l'article 3 du présent décret.

Pendant les cinq années qui suivent l'ouverture de l'école normale, le ministre peut autoriser l'admission des élèves payants après l'âge de vingt-cinq ans.

Art. 8. Le ministre arrête chaque année la liste, par ordre de mérite, des candidats admis à l'école normale de l'enseignement secondaire spécial.

Art. 9. Le cours d'études est de deux ans, au bout desquels les élèves devront avoir subi avec succès les épreuves du brevet de capacité. Il peut être accordé une troisième année aux élèves qui se préparent à l'agrégation de l'enseignement secondaire spécial.

Art. 10. Les dispositions de l'article 79 de la loi du 15 mars 1850[1] sont applicables aux élèves de l'école normale de l'enseignement secondaire spécial.

1. Aux termes de l'article 79 de la loi du 15 mars 1850, sont dispensés du service militaire, ceux qui ont, avant l'époque fixée pour

Art. 11. Notre ministre de l'instruction publique est chargé de l'exécution du présent décret.

Fait au palais des Tuileries, le 28 mars 1866.

NAPOLÉON.

Par l'Empereur :

*Le ministre de l'instruction publique,*

V. DURUY.

**Arrêté du ministre de l'instruction publique, déterminant les conditions de l'agrégation pour l'enseignement secondaire spécial** (28 mars 1866)[1].

Le ministre secrétaire d'État au département de l'instruction publique,

Vu l'article 1er du décret en date du 28 mars 1866, rendu pour l'exécution de la loi du 21 juin 1865 ;

Après avis du Conseil supérieur, et le Conseil impérial entendu,

Arrête :

Art. 1er. Pour être admis à prendre part aux épreuves de l'agrégation de l'enseignement secondaire spécial, les candidats doivent être âgés de vingt-cinq ans, produire un certificat constatant qu'ils ont fait la classe pendant cinq ans, et être pourvus du brevet de capacité institué par l'article 6 de la loi du 21 juin 1865.

Les années passées à l'école normale de l'enseignement spécial seront comptées pour autant d'années de stage.

Le ministre de l'instruction publique peut dispenser les élèves qui auront suivi avec succès les cours de l'école des conditions prescrites par le 1er paragraphe du présent article, à l'exception du brevet de capacité, qui devra être pris à l'école même.

Art. 2. Sont dispensés du brevet et de trois ans de stage, les licenciés, les anciens élèves de l'école normale supérieure, de l'école polytechnique, les anciens élèves de l'é-

le tirage, contracté devant le recteur l'engagement de se vouer pendant dix ans à l'enseignement public, et qui réalisent cet engagement.

1. Les dispositions de cet arrêté ont été modifiées par le décret du 10 février 1869 (p. 75) et l'arrêté du 27 février 1869 (p. 81).

cole centrale munis du diplôme, et les anciens élèves libres de l'école des ponts et chaussées et de l'école des mines, pourvus du diplôme délivré par ces écoles.

Art. 3. La liste des concurrents est arrêtée par le ministre de l'instruction publique.

Art. 4. Les dispositions générales du titre 1er du règlement du 27 décembre 1855 sur les examens de l'agrégation des lycées[1] s'appliquent à l'agrégation de l'enseignement secondaire spécial.

Art. 5. Pour épreuves préparatoires, les candidats font :

1° Une composition française ;

2° Une composition sur un sujet d'histoire ou de géographie ;

3° Une composition sur une question de mathématiques ou de géométrie descriptive ;

4° Une composition sur une question de physique ou de mécanique ;

5° Une composition sur une question de chimie ou d'histoire naturelle.

Les sujets de ces compositions sont pris dans le cours d'études de l'école normale de l'enseignement secondaire spécial.

Quatre heures sont accordées pour les compositions littéraires et six heures pour les compositions scientifiques.

Art. 6. Les épreuves définitives consistent en leçons publiques et en épreuves pratiques.

Art. 7. Les leçons publiques ont pour objet :

1° Les mathématiques, la géométrie descriptive et leurs applications ;

2° La mécanique ou la physique ;

3° La chimie ou l'histoire naturelle.

Chaque candidat est tenu de faire deux leçons à son choix.

La leçon de mathématiques a lieu après trois heures de préparation dans un lieu fermé.

Les leçons de mécanique, de physique, de chimie et d'histoire naturelle ont lieu après six heures de préparation

1. Extrait du titre premier de l'arrêté du 27 décembre 1855 :

« Art. 5. Les membres des jurys d'examen sont nommés par le ministre de l'instruction publique. Ils sont au nombre de quatre au moins, non compris le président.

« Art. 6. Les épreuves de l'agrégation des lycées sont de deux sortes : les épreuves préparatoires et les épreuves définitives.

« Art. 7. Les épreuves préparatoires consistent en compositions écrites. Elles peuvent avoir lieu, sous l'autorité et la surveillance des recteurs, aux chefs-lieux des académies.

« Art. 8. Les épreuves définitives sont nécessairement subies au chef-lieu de l'académie de Paris.

dans un laboratoire de la faculté des sciences, sous la surveillance des membres du jury.

La durée de chaque leçon est de trois quarts d'heure au moins.

Art. 8. Les épreuves pratiques sont les suivantes :

1° Correction d'une composition ou d'un devoir, après deux heures de préparation dans un lieu fermé;

2° Un exercice de calcul numérique ;

3° Une épure de géométrie descriptive ;

4° Un levé de machine ;

5° Une expérience de physique;

6° Une manipulation de chimie ;

7° Une préparation d'histoire naturelle.

Tous les candidats sont soumis aux deux premières épreuves pratiques; les devoirs qu'ils ont à corriger correspondent à la spécialité qu'ils ont choisie pour leurs leçons publiques.

Sur les cinq autres épreuves, ils en subissent trois à leur choix.

Le jury fixe la durée de ces épreuves. Elles ont lieu sous sa surveillance directe.

Art. 9. Les sujets des leçons et des épreuves pratiques sont tirés d'un programme spécial, délibéré en Conseil impérial de l'instruction publique, après avis du Conseil supérieur de perfectionnement ; et la nature des épreuves choisies par le candidat est mentionnée au procès-verbal.

Art. 10. Les candidats pourvus d'un diplôme de docteur ès sciences, les anciens élèves de l'école normale supérieure, les élèves de l'école polytechnique admis dans les services publics, les anciens élèves de l'école centrale munis du diplôme, les anciens élèves libres de l'école des ponts et chaussées et de l'école des mines pourvus du diplôme délivré par ces écoles, sont admis de droit aux épreuves définitives, mais ne sont pas dispensés des épreuves préparatoires.

Peuvent être dispensés des épreuves préparatoires par le

« Art. 9. Les candidats sont tenus, à peine d'exclusion, de subir toutes les épreuves aux jours et heures qui leur sont indiqués. Aucune excuse ne sera reçue, si elle n'est jugée valable par le jury.

« Art. 10. Avant de subir les épreuves préparatoires, chaque candidat appose sa signature sur une feuille disposée à cet effet. Cette signature est reproduite sur chacune des compositions.

« Art. 11. Les sujets de composition sont donnés par le président. Les candidats, sous peine d'exclusion, ne peuvent s'aider d'aucun manuscrit, ni d'aucun ouvrage imprimé, à l'exception de dictionnaires grecs ou latins ou de tables de logarithmes ; ils ne peuvent avoir aucune communication, soit entre eux, soit au dehors. »

ministre de l'instruction publique, après avis du Conseil supérieur de perfectionnement, les candidats qui se recommandent par la notoriété de leurs titres scientifiques ou de leurs services dans l'enseignement spécial.

Fait à Paris, le 28 mars 1866.

V. Duruy.

---

**Instruction du ministre de l'instruction publique aux recteurs, relative à l'organisation de l'enseignement secondaire spécial** (6 avril 1866).

Monsieur le recteur, j'ai l'honneur de vous adresser le plan général des études qui composeront l'enseignement spécial et les divers documents relatifs à l'exécution de la loi du 21 juin 1865[1]; ce sont :

1° Les programmes d'enseignement;

2° Le tableau de la répartition des matières entre les diverses années d'études;

3° Des instructions sur la méthode à suivre pour cet enseignement nouveau;

4° Un arrêté en date du 6 mars 1866, sur la composition des jurys chargés de délivrer les diplômes institués par la loi;

5° Un arrêté du même jour, sur la composition des conseils de perfectionnement créés par les articles 3 et 5 de la loi du 21 juin 1865;

6° Un décret, en date du 28 mars 1866, pour la création de l'école normale où se formeront les maîtres propres à ce nouvel enseignement;

7° Un décret du même jour, qui règle les conditions financières pour les maîtres de l'enseignement spécial et qui établit en leur faveur une agrégation particulière;

8° Un arrêté du même jour, déterminant les conditions de l'agrégation pour l'enseignement spécial;

9° Un arrêté du 6 mars 1866, concernant les bourses pour l'enseignement spécial.

## § 1er. *Des programmes.*

Je n'ai rien à vous dire, monsieur le recteur, sur les programmes : ils parleront d'eux-mêmes. Publiés une pre-

1. Voir la loi du 21 juin 1865 (p. 1).

mière fois, à titre provisoire, au mois d'octobre 1863, ils sont restés en expérience durant deux années.

Après avoir recueilli les observations des proviseurs et des principaux, des inspecteurs d'académie et des recteurs, l'administration a refondu une partie de ces premiers programmes, en a rédigé de nouveaux, et les a soumis au contrôle du conseil supérieur de l'enseignement spécial, puis à celui du conseil impérial de l'instruction publique. C'est avec cette double sanction qu'ils vont entrer aujourd'hui dans nos écoles, et j'espère qu'ils donneront bientôt naissance à beaucoup de bons livres, substantiels et courts, qui commenceront enfin la vraie littérature du peuple.

### § 2. *De la distribution des matières d'études entre les années d'enseignement.*

En examinant comment ces programmes se répartissent entre les diverses années d'enseignement, vous reconnaîtrez, monsieur le recteur, que le plan général des nouvelles études diffère essentiellement de celui des études classiques.

Lorsqu'un élève entre au lycée, c'est pour en suivre successivement toutes les classes. Nous sommes donc assurés de son attention et de son travail pour sept ou huit ans, et nous disposons nos méthodes en conséquence. Presque tous les fruits de l'enseignement classique seraient perdus pour celui qui n'achèverait pas le cours entier des études du lycée. Mais l'enseignement spécial a été institué en faveur des enfants qui ne peuvent disposer d'un aussi gros capital de temps et d'argent. Beaucoup n'iront pas jusqu'à la fin des cours; quelques-uns même n'y resteront qu'une année ou deux. Il a donc fallu distribuer les matières de cet enseignement de telle sorte que chaque année d'étude formât un tout complet en soi, et que les plus indispensables fussent placées dans les premiers cours, afin que, si les exigences de la vie forçaient un élève à quitter prématurément le collége spécial, il fût assuré d'en emporter, à quelque époque qu'il en sortît, des connaissances immédiatement utiles. Les études des diverses années consacrées à cet enseignement formeront ainsi comme un ensemble de cercles concentriques.

Vous remarquerez encore, monsieur le recteur:

Que l'enseignement littéraire et les exercices occupent plus de place dans les premières années, et que l'importance des études scientifiques va croissant avec l'âge des élèves;

Que le dessin, cette écriture de l'industrie, a constamment quatre heures par semaine dans les premières années et six dans les deux dernières;

Que la durée commune des classes est réduite à une heure, afin de n'épuiser ni les forces des maîtres ni l'attention des élèves;

Qu'enfin ces programmes, préparés pour l'enseignement spécial dans les lycées et les colléges, ont été développés de manière à pouvoir servir de sommaires dans les cours supérieurs des classes d'adultes, et à aider les maîtres qui donnent, en ce moment, à la France entière un si mémorable exemple de dévouement patriotique.

Je n'ai pas besoin d'ajouter que ces programmes ne sont pas obligatoires pour toutes les écoles spéciales; car, en mettant à part certains cours qui seront partout nécessaires, le caractère fondamental de cet enseignement sera de varier selon les besoins de chaque localité. C'est pour cela que l'article 3 de la loi a créé un conseil de perfectionnement, dont les avis auront toujours une autorité considérable.

Je ne crois pas qu'il soit possible de mettre l'atelier dans l'école, du moins dans les nôtres; mais je pense qu'on peut faire au collége spécial l'éducation de la main, comme on y fera, par la musique, celle de l'oreille, par le dessin, celle des yeux, par la gymnastique, celle du corps tout entier. Je trouverais donc excellent qu'on habituât les élèves à manier quelques outils, non pas en vue de leur apprendre un métier, mais afin que leur main, exercée à tenir le marteau ou la lime, le rabot du menuisier ou le ciseau du tourneur, fût prête pour les travaux de l'apprentissage, comme leur esprit le sera pour ceux du bureau ou du laboratoire.

## § 3. *Des méthodes.*

L'enseignement spécial sera caractérisé par ses programmes; il le sera aussi par ses méthodes. J'appelle votre attention la plus sérieuse sur le document où se trouvent exposées les méthodes qui devront être suivies pour chaque branche d'études. Vous recommanderez aux professeurs de ne jamais mettre en oubli qu'il ne s'agit point, dans l'école spéciale, de préparer, comme au lycée classique, des hommes qui fassent des plus hautes spéculations de la science ou des lettres leur étude habituelle, mais des industriels, des négociants, des agriculteurs, dont beaucoup d'ailleurs, étendant par l'expérience de la vie cette instruction en apparence plus étroite, sauront rejoindre ceux qui auront cherché pour leur esprit un développement plus large dans des études plus désintéressées.

Depuis le cours préparatoire jusqu'à la dernière année de l'enseignement spécial, il faudra diriger constamment l'attention des élèves sur les réalités de la vie; les habituer à ne jamais regarder sans voir; les obliger à se rendre compte des phénomènes qui s'accomplissent dans le milieu où ils sont placés, et leur faire goûter si bien le plaisir de comprendre, que ce plaisir devienne un besoin pour eux; en un mot, développer dans l'enfant l'esprit d'observation et le jugement, qui feront l'homme à la fois prudent et résolu dans toutes ses entreprises, sachant gouverner ses affaires et lui-même.

En même temps que les sciences appliquées mettront son esprit dans cette voie pratique, les cours de littérature, d'histoire et de morale lui donneront le goût de s'élever au-dessus des réalités du monde physique pour arriver au beau, au bien et à Dieu, d'où viennent et en qui se confondent toutes les perfections.

## § 4. *Des diplômes.*

Le quatrième document est l'arrêté pris en exécution des articles 4 et 6 de la loi du 21 juin 1865[1], relatifs à la délivrance du diplôme de fin d'études aux élèves de l'enseignement spécial, et du brevet de capacité à ceux qui voudront ouvrir une maison pour cet enseignement.

Par la création du diplôme de fin d'études, l'enseignement spécial trouvera la sanction qui, jusqu'à cette heure, lui a manqué. Cette consécration aura même un double effet: elle engagera les élèves et leurs familles à conduire jusqu'à leur terme des études qui forment un ensemble bien déterminé, et elle amènera promptement l'opinion publique à attacher une sérieuse importance à un brevet qui, pour certaines administrations publiques ou particulières, pour des chefs d'usines, de grandes fermes ou de maisons de commerce, offrira plus de garanties d'aptitude immédiate que le diplôme de bachelier.

Vous remarquerez, monsieur le recteur, que la loi n'autorise la délivrance du brevet de capacité, pour l'ouverture d'une école spéciale, qu'aux candidats âgés de dix-huit ans au moins. La loi du 21 juin 1865 a voulu marquer une différence entre le diplôme d'élève, qui consacre des études faites, et le brevet de maître, qui donne le droit d'enseigner.

La composition des deux jurys est aussi différente : l'un est départemental, pour qu'il ne soit pas imposé aux élèves de déplacement coûteux; l'autre est académique, pour que l'épreuve ait plus d'importance et de solennité.

1. Voir l'arrêté du 6 mars 1866, relatif aux examens pour le diplôme d'études et le brevet de capacité (p. 14).

### § 5. *Du conseil de perfectionnement.*

Les articles 3 et 5 de la loi du 21 juin 1865 instituent un conseil de perfectionnement près de chaque établissement public d'enseignement spécial. Deux choses ont été faites pour donner à ces conseils une action efficace sur les études. D'abord, ils auront, en vertu de l'arrêté du 6 mars 1866[1], des attributions très-sérieuses; ensuite, leurs membres seront choisis parmi les notabilités du lieu, et la présidence en est expressément réservée au maire, afin que les influences municipales puissent agir librement dans ces questions scolaires, qui intéressent avant tout les pères de famille, et qui, pour le nouvel enseignement, sont aussi des questions d'intérêt local.

Non-seulement ce conseil donne son avis sur les matières du programme général qu'il importe d'étendre ou de restreindre, selon les besoins de la localité, mais il vérifie l'état des collections et de la bibliothèque; il facilite aux élèves la visite des manufactures, des usines et des exploitations agricoles; il peut assister aux classes et aux divers examens; enfin il adresse, chaque année, un rapport au ministre sur la marche de l'enseignement.

Ce conseil a une autre prérogative importante : chaque année, des sommes considérables sont employées à faire l'éducation d'enfants, souvent orphelins, dont les pères, par leurs services, ont bien mérité du pays, ou qui montrent d'heureuses dispositions que la société a intérêt à développer. Mais les sacrifices que l'État, les départements et les communes s'imposent pour préparer à la société des membres utiles sont parfois perdus, parce que ces jeunes gens, qui ont vécu jusqu'à dix-huit ans sous une tutelle vigilante, sont privés de toute direction dès leurs premiers pas dans la vie réelle, c'est-à-dire à l'époque la plus critique de leur existence, quand le collége qui a abrité leur enfance ouvre ses portes devant eux et les jette dans l'inconnu.

Il y a un contre-sens à faire de longs et coûteux efforts pour créer une force qu'on abandonne à elle-même au moment où elle a le plus besoin d'être contenue et dirigée pour produire tous ses effets utiles.

Afin de soustraire les élèves de l'enseignement spécial à ce danger, le conseil de perfectionnement sera aussi un comité de patronage. Tout élève qui mériterait un avertissement à la fois paternel et sévère pourra être appelé par le

1. Voir l'arrêté du 6 mars 1866, relatif aux conseils de perfectionnement (p. 13).

chef de l'établissement devant le comité de patronage ; mais les boursiers seront plus particulièrement l'objet de sa sollicitude. Dans la dernière année d'enseignement, il étudiera leurs aptitudes, donnera à leur travail la direction la plus utile à leurs intérêts et cherchera à leur ouvrir l'accès de la maison où ils trouveront le meilleur et le plus fructueux emploi de leurs facultés.

A cet effet, chaque comité local sera en rapport avec le conseil supérieur qui siége au ministère de l'instruction publique et qui, connaissant à la fois les besoins et les demandes, pourra souvent satisfaire aux uns comme aux autres et aider l'élève sortant à trouver l'emploi immédiat des connaissances acquises.

Les corporations d'autrefois étaient pour l'industrie une gêne, mais pour les industriels une garantie. L'entrave a disparu avec les jurandes; il serait bon que la garantie subsistât. On la retrouverait sans doute, et sous la meilleure forme, avec cette organisation d'un patronage s'exerçant au profit des élèves des écoles spéciales.

### § 6. *Création d'une école normale pour l'enseignement spécial.*

Quand l'empereur Napoléon Ier voulut relever les études classiques, il fonda l'École normale supérieure, d'où sont sortis tant d'hommes célèbres et qui fait encore la force de l'Université. Lorsqu'un de mes illustres prédécesseurs entreprit, il y a trente-trois ans, d'organiser enfin l'instruction du peuple, il créa ces écoles normales des départements qui donnent à l'enseignement primaire ses meilleurs maîtres, comme au pays et à l'Empereur leurs serviteurs les plus dévoués. Si depuis quarante ans l'enseignement spécial, essayé sous les noms les plus divers, n'a pas réussi encore à se fonder définitivement, une des raisons de l'échec a été l'absence d'un personnel de professeurs particulièrement formés pour cet enseignement. La création d'une école normale spéciale fera cesser cette insuffisance, et l'Université sera bientôt en état de donner aux lycées, aux colléges, aux grandes écoles communales, des maîtres capables de seconder le mouvement industriel du pays par l'enseignement de toutes les applications des sciences.

Cette école aura, ainsi que l'enseignement lui-même, un caractère mixte. Il sera pourvu à son recrutement au moyen de bourses fondées par l'État, comme à l'école normale classique ; mais elle aura aussi des bourses départementales, comme les écoles normales primaires. Des villes, des particuliers, en ont déjà créé; et elle pourra recevoir des pensionnaires libres.

Les boursiers de l'État entreront à l'école spéciale à la suite d'un concours; les boursiers départementaux, après un concours ou un examen dont les autorités départementales détermineront les conditions. Les premiers resteront après le cours d'études, et pour toute la durée de l'engagement décennal, à la disposition de l'État; les seconds seront remis aux départements et aux communes qui auront fait les frais de leur instruction. Mais les fonctions et les besoins de l'enseignement sont assez variés pour que tout élève sortant de l'école spéciale soit assuré de trouver un bon et fructueux emploi des connaissances qu'il y aura acquises.

Quelques personnes auraient voulu établir cette école à Paris; je la trouve mieux placée aux champs. Les bons professeurs n'y manqueront pas plus qu'ils ne manquent à nos soixante-douze lycées de province, et les élèves trouveront à Cluny d'excellentes conditions d'étude, sans les dangereuses séductions d'une grande ville, où peuvent se prendre des goûts incompatibles avec les habitudes modestes et la vie austère d'un maître de l'enfance.

## § 7. *Décret sur le régime financier pour l'enseignement spécial.*

Trois causes ont arrêté jusqu'ici le développement de l'enseignement spécial. Il manquait d'un personnel approprié aux besoins: la création d'une école normale pourvoit à cette nécessité. Les traitements étaient misérables : le décret adopté par le conseil d'État permettra de relever ces traitements et d'assurer aux maîtres de l'enseignement spécial la dignité de la vie extérieure, qui est indispensable à la dignité même de la fonction. Enfin, les maîtres étaient retenus dans une condition inférieure: l'arrêté dont il me reste à parler fera disparaître cette infériorité.

## § 8. *Agrégation spéciale.*

Pour avoir de bons maîtres, il ne suffit pas, en effet, de leur donner l'instruction qu'ils auront à répandre, et d'assurer à leurs services une rémunération en rapport avec celle dont jouissent les autres fonctionnaires de l'instruction publique; il faut encore honorer leur condition, en la relevant à tous les yeux, et ouvrir à leur légitime ambition l'accès des titres et des distinctions dont l'Université dispose en faveur du mérite éprouvé.

C'est pour répondre à cette pensée que l'agrégation spéciale a été créée, afin que cet ordre d'enseignement ait, comme tous les autres, son couronnement. La même mesure a été prise, l'an dernier, par les mêmes motifs, en faveur des langues vivantes et des littératures étrangères.

### § 9. *Bourses pour l'enseignement spécial.*

La loi du 21 juin 1865 ayant fait de l'enseignement spécial une branche de l'enseignement secondaire, il est juste que le bénéfice des bourses impériales, départementales et communales puisse être accordé à des élèves méritants que leur famille, leur fortune ou leur vocation ne destinent pas aux carrières dont les grandes écoles ouvrent l'entrée. Une combinaison, d'ailleurs à la fois paternelle et utile, sera celle qui permettra de récompenser le père dans les enfants, sans diriger en quelque sorte fatalement ceux-ci vers des professions qui, par les sacrifices ultérieurs qu'elles supposent, ne sont pas toujours en harmonie avec la condition de modestes serviteurs de l'État. En outre, les études spéciales sont moins longues que les études classiques; il sera donc possible de créer avec une somme égale plus de bourses, c'est-à-dire de venir en aide à un plus grand nombre de familles. Enfin, les élèves qui jouiront de ces bourses spéciales seront mieux assurés de profiter dès la sortie du lycée ou du collége des connaissances qu'ils y auront acquises, sans que l'accès des hautes études soit interdit à ceux que des dispositions remarquables signaleraient à la sollicitude particulière de l'administration.

J'espère, monsieur le recteur, que, par l'ensemble de ces mesures, se trouvera enfin fondé l'enseignement secondaire du peuple. Il est temps de nous hâter. Dans la lutte pacifique, mais redoutable, qui est engagée entre les peuples industriels, le prix n'est pas réservé à celui qui disposera de plus de bras ou de capitaux, mais à la nation au sein de laquelle les classes laborieuses auront le plus d'ordre, d'intelligence et de savoir.

La science continue ses découvertes et met chaque jour au service de l'industrie des agents nouveaux qui la secondent; mais, pour être bien appliqués, ces agents délicats ou puissants veulent être habilement maniés. Voilà pourquoi le progrès industriel est aujourd'hui étroitement lié au progrès scolaire, et comment les questions que l'Université a la tâche d'étudier et de résoudre ont acquis une si grande importance, même pour la prospérité matérielle de la France.

Si quelqu'un doutait de l'importance de la révolution qui s'accomplit, il n'aurait qu'à regarder la Suisse, ce pays de lacs et de montagnes, que la nature a fait si beau, mais en lui refusant toutes les conditions d'une contrée industrielle; terre aimée des artistes et des poëtes, mais sans port, sans fleuve navigable, sans canaux et sans mines. Cependant du milieu de ces rochers stériles il sort chaque année assez de produits pour payer les importations, notamment les 200 millions de marchandises que la France à elle seule vend à ce peuple, qui n'avait autrefois d'autre industrie que la guerre mercenaire; et il s'y forme assez d'habiles gens pour qu'on trouve dans toutes les villes marchandes du monde la colonie suisse au premier rang, et dans toutes les grandes maisons de commerce des employés intelligents venus de Bâle, de Zurich ou de Neuchâtel. Mais en Suisse le dernier des manouvriers sait lire, et personne n'y abandonne l'école avant quinze ou seize ans.

Agréez, etc.

Paris, le 6 avril 1866.

*Le ministre de l'instruction publique,*

V. Duruy.

---

**Arrêté du ministre de l'instruction publique, relatif aux promotions et aux prolongations d'études des boursiers des lycées pour l'enseignement spécial** (14 mai 1866).

Le ministre secrétaire d'État au département de l'instruction publique,

Vu l'arrêté du 8 avril 1852, concernant les promotions et les prolongations d'études à accorder aux boursiers de l'État, des départements et des communes, dans les lycées et colléges;

Vu l'arrêté du 6 mars 1866, relatif aux bourses de l'enseignement spécial, et l'article 12 du décret du 28 du même mois,

Arrête :

Les promotions et les prolongations d'une année d'études en faveur des boursiers de l'enseignement spécial auront lieu aux mêmes conditions que les promotions et les prolongations d'études pour les boursiers de l'enseignement classique.

Fait à Paris, le 14 mai 1866.

V. DURUY.

---

**Instruction du ministre de l'instruction publique aux préfets, relative à l'envoi des documents concernant l'organisation de l'enseignement secondaire spécial (1er juin 1866).**

Monsieur le préfet, j'ai l'honneur de vous adresser l'ensemble des documents qui intéressent l'organisation du nouvel enseignement secondaire spécial. J'appelle particulièrement votre attention sur la circulaire qui en résume l'esprit et en montre le but. Vous reconnaîtrez qu'il s'agit de mettre en usage des méthodes plus promptes que celles de l'enseignement classique, et de répandre des connaissances d'une utilité plus immédiate; que cet enseignement, en un mot, prépare les élèves à remplir les diverses professions de l'industrie, du commerce ou de l'agriculture, sans exiger d'eux une dépense trop forte de temps et d'argent.

Vous remarquerez aussi, monsieur le préfet, que l'enseignement spécial occupe désormais, comme l'enseignement classique, une place régulière et honorée dans l'ensemble de notre système d'éducation; qu'il a ses examens publics, son agrégation, ses diplômes, ses conseils de perfectionnement et de patronage, enfin tout ce qui peut garantir la force des études et en élever successivement le niveau. Ces mesures concilieront à l'enseignement spécial la confiance des familles, en même temps que celle des chefs de manufactures ou d'administrations, qui n'hésiteront plus à demander leurs employés à des écoles dont l'organisation a été calculée de manière à fournir au commerce, à l'agriculture et à l'industrie des auxiliaires intelligents.

Les recteurs vont s'occuper de réorganiser l'enseignement spécial dans les lycées et colléges, d'après les instructions et les programmes contenus dans le volume que j'ai l'honneur de vous adresser.

Ces programmes, destinés à inaugurer des méthodes nouvelles dans l'enseignement usuel des sciences et des connaissances économiques, ont été préparés par les soins du conseil supérieur de l'enseignement spécial et approuvés par le conseil impérial de l'instruction publique. Aussi est-ce un devoir pour moi d'exprimer ici ma reconnaissance envers les éminents esprits qui ont donné à l'administration un si précieux concours pour l'accomplissement d'un travail dont l'avenir dévoilera l'heureuse fécondité.

Les professeurs chargés de l'enseignement spécial dans les lycées et les colléges, les maîtres des grandes écoles communales et ceux des cours d'adultes trouveront, dans ces programmes et dans les instructions qui les précèdent, des directions sûres et tout à la fois complètes et simples.

Mais la question capitale n'est ni dans les méthodes, ni dans les programmes, ni même dans l'organisation ; elle est avant tout dans le personnel enseignant. Nous ne ferons rien de considérable, rien qui réponde aux vœux et aux besoins du pays, si nous n'avons pas des hommes dont l'esprit soit formé pour les connaissances qu'ils auront à répandre, dont le cœur sente, jusqu'à la passion, l'importance de la mission qu'ils seront appelés à remplir. Or, pour préparer et régler ces vocations, pour former les maîtres dont nous avons besoin, il faut une maison où tout soit établi en vue du but que nous poursuivons.

Cette conviction, qui se fortifie de l'expérience fournie depuis 1811 par l'école normale pour l'enseignement classique, et depuis 1833 par les écoles normales primaires, m'a déjà dicté les circulaires du 13 août 1864 et du 9 août 1865[1], relatives à la création de l'école normale de Cluny.

1. Voici les termes de la circulaire du 13 août 1864, relative à la création d'une école normale pour l'enseignement secondaire spécial :

« L'industrie, le commerce et l'agriculture ne peuvent plus se contenter aujourd'hui, pour les jeunes gens qu'ils emploient, des connaissances de l'école primaire ; et celles du lycée classique, très-coûteuses et fort longues, manquent en outre, et doivent manquer de ce caractère d'utilité immédiate que recherchent les candidats aux professions industrielles.

« Pour répondre à ce besoin nouveau de notre société moderne, l'Empereur a prescrit qu'un projet de loi sur l'enseignement spécial fût présenté au Corps législatif. Vous en connaissez le texte. Il n'a pu être discuté cette année ; mais il le sera dans la session prochaine. S'il était voté, l'administration de l'instruction publique aurait à organiser ce grand service, et surtout à trouver le personnel enseignant qui sera nécessaire pour la bonne application de la loi.

« Le jour où l'Empereur Napoléon Ier voulut constituer fortement les études classiques, il créa l'École normale supérieure, d'où sont sortis tant d'hommes distingués, quelques-uns illustres, qui ont placé l'Université de France au rang élevé où elle se trouve. Pour constituer fortement les études spéciales, il faudrait avoir de même une grande école, qui formerait les professeurs destinés au nouvel enseignement. Cette école serait promptement constituée, et dans des conditions excellentes, si chaque conseil général voulait s'associer à cette pensée.

Vous n'avez pas oublié, monsieur le préfet, que la ville de Cluny a cédé à l'État les magnifiques bâtiments de son ancienne abbaye; qu'elle a voté une somme de 70,000 francs pour le rachat des parties aliénées de ce domaine; qu'enfin le département de Saône-et-Loire consacre 100,000 francs pour les appropriations.

Cette fondation a ainsi reçu, dès l'origine, le caractère communal et départemental qui lui convient, et que le vote des conseils généraux, dans leur dernière session, a consacré.

L'État prend sa part de la dépense. Il emploiera à l'achèvement des appropriations et à l'achat du mobilier usuel et scientifique une somme considérable, dont une partie figure au budget de cette année. Il aura, en outre, à sa charge l'entretien des professeurs, des boursiers impériaux et du collége spécial qui sera placé à côté de l'école, afin que les élèves-maîtres, tout en étudiant pour eux-mêmes, apprennent déjà à enseigner. Mais les besoins de l'État étant limités au recrutement du personnel des lycées, il n'enverra à Cluny qu'un nombre relativement restreint d'élèves; les départements, au contraire, et les villes sont intéressés à en envoyer beaucoup.

Les villes, en effet, possèdent 251 colléges communaux, où l'enseignement spécial réunit déjà 12,000 élèves et en aura bientôt un plus grand nombre. Ces 251 colléges ont besoin de maîtres expérimentés, formés par une préparation particulière qu'ils ne peuvent guère trouver qu'à Cluny. De leur

« Presque tous les départements, 83 sur 89, ont une école normale primaire, où les élèves pourvus de bourses départementales font trois années d'études. Que, parmi ceux qui ont achevé leur troisième année ou qui sont déjà dans les écoles, on prenne, après examen ou concours, les deux meilleurs; que la bourse, quelque peu accrue pour aider aux dépenses générales, leur soit continuée par le conseil général, pendant deux ou trois ans, à l'école supérieure qui sera fondée, et la France se trouvera dotée de maîtres parfaitement préparés à l'enseignement, qu'ils retourneront ensuite répandre dans leurs départements respectifs, sous les formes variées que les besoins locaux imposeront.

« Une grande institution serait ainsi créée instantanément et presque sans frais, puisque la dépense pour chaque département serait très-minime, parfois même nulle : deux bourses à l'école supérieure pouvant, dans certains cas, dispenser de deux bourses à l'école normale primaire.

« Veuillez, monsieur le préfet, entretenir de ce projet le conseil général de votre département. Je serai heureux d'avoir son avis, puisque je compte, après le vote de la loi, lui demander son concours; mais vous voyez que ce concours serait bien peu onéreux pour les finances départementales. »

Voir également la circulaire du 9 août 1865 (p. 5).

côté, les départements entretiennent 77 écoles normales primaires, dont il importe de fortifier et de relever l'enseignement, si l'on veut que les instituteurs qui en sortiront soient au niveau de la tâche qu'ils auront à remplir. Enfin, on a compté en France, cet hiver, près de 25,000 cours d'adultes, qui ont été suivis par 600,000 élèves de tout âge. Aujourd'hui, on travaille surtout dans ces cours à combler les lacunes laissées par l'enseignement du premier âge; mais il viendra un moment où les écoles primaires, après avoir reçu tous les enfants de 7 à 13 ans, livreront aux directeurs des cours d'adultes des élèves dont il faudra non pas refaire, mais étendre et compléter par l'enseignement spécial les études premières. A voir l'ardeur qui entraîne les populations, il est permis d'espérer que ce moment est moins éloigné qu'on n'aurait pu le croire. Il est du devoir du gouvernement de signaler cette nécessité prochaine, et de chercher avec les autorités départementales et communales les moyens d'y pourvoir.

Vous voyez, monsieur le préfet, combien la prospérité de l'école de Cluny importe aux départements. Les conseils généraux l'ont compris l'an dernier; ils le comprendront encore mieux cette année, après le magnifique élan des cours d'adultes, et lorsque l'esprit et le but du nouvel enseignement ont été nettement marqués par la publication de ses méthodes et de ses programmes. En conséquence, je vous invite à appeler de nouveau l'attention bienveillante du conseil général de votre département, dans sa prochaine session, sur cette importante affaire.

Il a été voté, l'année dernière, cinquante-cinq bourses départementales; mais le cours normal des études étant de deux ans pour le plus grand nombre des élèves, et même de trois pour ceux qui viseront à l'agrégation spéciale, il conviendrait que le conseil votât au moins une seconde bourse, afin qu'il n'y eût pas d'interruption, et que, chaque année, l'école pût rendre à chaque département un maître éprouvé. On recevra, au 1er octobre 1866, à Cluny, autant d'élèves départementaux qu'il a été constitué de bourses par les conseils généraux. Mais, au mois d'octobre 1867, ces élèves passeront en seconde année, et il convient de s'occuper, pour cette époque, du recrutement de la première. Les conseils généraux, qui ont témoigné une sympathie si vive au nouvel enseignement, n'ont pas voulu que son école normale fût organisée de manière à n'être pas assurée d'avoir un chiffre égal d'élèves dans chacune de ses deux années d'études.

Ils ont pensé, au contraire, qu'elle devait, comme toutes les écoles analogues, l'école normale supérieure, l'école polytechnique, l'école centrale, etc., recevoir chaque année des élèves, et rendre chaque année des maîtres par un courant régulièrement établi. J'espère donc que le conseil général de votre département régularisera définitivement, cette année, une libéralité dont la première démonstration, l'année dernière, a déjà permis de constituer avec confiance tout le système de l'enseignement secondaire spécial.

Recevez, etc.

Paris, le 1er juin 1866.

*Le ministre de l'instruction publique,*

V. Duruy.

---

**Circulaire du ministre de l'instruction publique aux recteurs, relative aux divers examens de l'enseignement secondaire spécial** (2 juin 1866).

Monsieur le recteur, le Bulletin administratif a publié successivement les décrets et arrêtés relatifs à l'enseignement secondaire spécial, les instructions pour les méthodes, enfin les programmes mêmes de cet enseignement.

Vous avez reçu la circulaire du 19 mai dernier[1], dans laquelle je vous invite à vous préoccuper sans retard du recrutement de l'école de Cluny. Je vous adresse aujourd'hui l'arrêté qui fixe les conditions et les programmes pour le concours des bourses de l'État.

Il se peut que, dans votre ressort académique, des élèves soient en état, dès cette année, de se présenter à l'examen pour l'obtention du diplôme de fin d'études, établi par l'article 4 de la loi du 21 juin 1865[2]. J'ai lieu de croire qu'à Paris un nombre considérable de jeunes gens sont déjà dans l'intention de tenter cette épreuve. Quelques personnes aussi songent peut-être à prendre le brevet de capacité institué par l'article 6 de la même loi.

Enfin il m'est arrivé déjà des demandes pour l'agrégation de l'enseignement spécial, constituée par le décret du

1. Cette circulaire est relative au concours ouvert en 1866 pour l'admission à l'école normale de Cluny. « Vous aurez, dit le ministre, à faire les informations que vous faites habituellement pour les élèves de l'École normale supérieure, touchant l'aptitude physique et morale, et à me transmettre les renseignements dont j'aurai besoin pour arrêter la liste des candidats. »

2. Voir la loi du 21 juin 1865 (p. 1).

28 mars 1866[1]. Vous recevrez très-prochainement, dans la circulaire générale relative à l'inscription des candidats aux diverses agrégations, des instructions particulières sur l'agrégation de l'enseignement spécial.

Je vous prie, monsieur le recteur, de vous préoccuper de ces diverses questions, et de préparer la formation des deux jurys d'examen dans les conditions prescrites par l'arrêté du 6 mars 1866[2]. Vous voudrez bien me faire parvenir le plus tôt possible vos propositions à cet égard.

L'arrêté du 6 mars donne la présidence du jury académique à un professeur de faculté; vous jugerez sans doute utile d'assurer celle du jury départemental à l'inspecteur d'académie.

Recevez, etc.

Paris, le 2 juin 1866.

*Le ministre de l'instruction publique,*

V. Duruy.

---

**Circulaire du ministre de l'instruction publique aux recteurs, relative à la présidence des conseils de perfectionnement de l'enseignement secondaire spécial** (4 juin 1866).

Monsieur le recteur, mon attention a été appelée sur les difficultés auxquelles donnerait lieu, lors de la réunion des conseils de perfectionnement de l'enseignement spécial, l'absence possible du président désigné par arrêté ministériel. J'ai décidé qu'en pareil cas, et en supposant que l'inspecteur d'académie à qui la présidence reviendrait soit absent aussi, les conseils choisiront eux-mêmes leur vice-président, comme ils choisissent leur secrétaire. Je vous prie d'assurer l'exécution de ma décision.

Recevez, etc.

Paris, le 4 juin 1866.

*Le ministre de l'instruction publique,*

V. Duruy.

1. Voir le décret du 28 mars 1866, relatif à l'agrégation de l'enseignement secondaire spécial (p. 17).
2. Voir l'arrêté du 6 mars 1866, relatif aux examens pour le diplôme d'études et le brevet de capacité (p. 14).

**Arrêté du ministre de l'instruction publique, fixant les conditions d'admission à l'école normale de l'enseignement secondaire spécial** (30 juin 1866)[1].

Le ministre secrétaire d'État au département de l'instruction publique,

Vu l'article 3 du décret du 6 mars 1866 pour la création d'une école normale de l'enseignement secondaire spécial, portant que tout candidat aux bourses fondées par l'État, les départements, les communes ou les particuliers, et tout élève payant doit avoir subi avec succès les épreuves d'un concours ou d'un examen sur les matières choisies par le ministre parmi celles qui sont énumérées dans la partie facultative de l'article 23 de la loi du 15 mars 1850 et dans l'article 9 de la loi du 21 juin 1865;

Vu les articles 5 et 6 du même décret, portant que les bourses fondées par l'État sont données au concours, et que les conseils généraux, les communes et les particuliers fondateurs de bourses ont la faculté d'opter entre le concours et l'examen;

Considérant que les questions qui, en vertu du décret susvisé, peuvent être posées aux candidats dans ces épreuves embrassent les matières qui suivent : éléments d'histoire et de géographie; langues vivantes; arithmétique appliquée aux opérations pratiques; éléments de géométrie; arpentage; nivellement; dessin linéaire; dessin d'ornement et d'imitation; notions des sciences physiques et d'histoire naturelle applicables aux usages de la vie; instructions élémentaires sur l'agriculture, l'industrie et l'hygiène; chant et gymnastique;

Vu l'avis du conseil supérieur de perfectionnement pour l'enseignement secondaire spécial;

Le conseil impérial de l'instruction publique entendu,

Arrête :

Art. 1er. Il est ouvert, chaque année, dans la première quinzaine de juillet, une session de concours ou d'examen pour la désignation des boursiers de l'école normale de l'enseignement spécial.

Art. 2. Les inscriptions des candidats aux bourses de l'État ont lieu du 1er au 15 juin; un registre est ouvert à cet effet dans toutes les académies.

Le 15 juin, à 6 heures du soir, la liste des inscriptions est close dans toutes les académies, et transmise aussitôt, en un seul envoi, au ministre de l'instruction publique, avec toutes

1. Cet arrêté a été modifié par un arrêté du 19 février 1869 (p. 75).

les pièces à l'appui et les renseignements que les recteurs ont recueillis sur les candidats.

Le ministre arrête la liste définitive des candidats.

Art. 3. Une nouvelle session pourra avoir lieu, avant le 15 septembre 1866, pour les candidats ajournés à la session précédente et pour ceux qui se seraient fait inscrire du 15 août au 1er septembre.

Art. 4. Les concours ou examens pour les bourses fondées par les départements, par les communes ou par les particuliers, ainsi que les examens des élèves payants, ont lieu séparément aux mêmes époques et devant les mêmes juges que le concours ouvert pour les bourses de l'État.

Art. 5. Le concours pour les bourses de l'État et l'examen prévu à l'article 3 du décret du 28 mars 1866[1] se composent de quatre épreuves : trois épreuves écrites et une épreuve orale.

Art. 6. Les épreuves écrites ont pour objet :

1° Une question élémentaire de l'histoire et de la géographie de la France ;

2° Une question d'arithmétique appliquée et une question de géométrie élémentaire ;

3° Un exercice de dessin linéaire et de dessin d'ornement.

La durée de chacune de ces épreuves est de trois heures. Il est interdit aux candidats de faire usage de notes manuscrites ou de livres.

Art. 7. L'épreuve orale porte sur les matières ci-après déterminées :

Histoire et géographie de la France ;

Nomenclature chimique, oxygène, hydrogène, eau, air, azote, carbone, acide carbonique, combustion ;

Baromètre, thermomètre, siphon, pompe aspirante, pompe foulante, balance, pesanteurs spécifiques, aréomètres ;

Germination, fonction des feuilles, respiration des animaux, asphyxies.

La durée de l'épreuve orale est d'une heure.

Art. 8. L'épreuve orale est seule publique. Ne peuvent y être admis que les candidats qui ont subi toutes les épreuves écrites.

Art. 9. Les candidats qui en auront fait la demande seront examinés sur les langues vivantes ; il sera tenu compte des résultats de cette épreuve dans l'ensemble du classement en ce qui les concerne.

Art. 10. Lorsque les épreuves ont lieu au chef-lieu du département, le jury institué par l'arrêté du 6 mars 1866

1. Voir le décret du 28 mars 1866, relatif à l'école normale de l'enseignement secondaire spécial (p. 21).

pour la délivrance du diplôme d'études est chargé de l'examen des candidats aux bourses de l'État.

Dans le cas contraire, une commission spéciale, composée également de trois membres, un pour les lettres et deux pour les sciences, est désignée par le ministre. Elle est présidée par l'inspecteur d'académie.

Art. 11. Les compositions des candidats aux bourses de l'État et le rapport faisant connaître les résultats de l'examen oral qui les concerne sont transmis au ministre par les soins des recteurs.

Une commission, nommée par le ministre, est chargée de la correction des compositions; elle classe les candidats par ordre de mérite et propose une liste d'admission.

Fait à Paris, le 30 juin 1866.

V. Duruy.

---

**Arrêté du ministre de l'instruction publique, déterminant la composition du trousseau des élèves de l'école normale de Cluny** (19 septembre 1866).

Le ministre secrétaire d'État au département de l'instruction publique

Arrête :

Art. 1er. Le trousseau des élèves de l'école normale de Cluny sera composé ainsi qu'il suit, savoir :

Une redingote en drap bleu, conforme au modèle, avec palmes en soie bleue et blanche du côté gauche seulement; au centre des palmes, une abeille;

Deux pantalons en drap bleu;

Deux gilets droits en drap bleu, fermés par une seule rangée de boutons;

Deux pantalons en coutil gris;

Un gilet droit en étoffe légère et de couleur foncée, pour l'été;

Une veste en drap bleu pour l'intérieur;

Trois blouses bleues;

Une casquette en drap bleu pour les sorties, conforme au modèle, avec une abeille en soie bleue et blanche;

Une casquette d'intérieur;

Douze chemises;

Douze mouchoirs en toile;

Quatre caleçons;

Douze serviettes;

Trois cravates en soie noire ;
Douze paires de chaussettes ou bas ;
Deux paires de draps de lit ;
Trois paires de souliers ;
Un peigne, une brosse à peigne, une brosse à cheveux et une brosse à habits[1].

Art. 2. Le prix du trousseau est fixé à 300 francs. Il est à la charge des familles. Il peut être payé en quatre termes trimestriels de 75 francs chacun.

Les familles sont libres de fournir ce trousseau en nature, si elles le préfèrent.

Fait à Paris, le 19 septembre 1866.

V. Duruy.

---

**Arrêté du ministre de l'instruction publique, fixant les traitements des fonctionnaires, professeurs et maîtres de l'école normale de Cluny** (30 septembre 1866).

Le ministre secrétaire d'État au département de l'instruction publique

Arrête :

Les traitements des fonctionnaires, professeurs et maîtres de l'école normale de l'enseignement secondaire spécial de Cluny sont fixés ainsi qu'il suit :

| | |
|---|---|
| Un directeur | 8,000, 7,000, 6,000 fr. |
| Un sous-directeur | 4,000, 3,500, 3,000 |
| Un aumônier | |
| Un économe | 3,000 |
| Un commis d'économat | 1,200 |

| | | |
|---|---|---|
| Professeurs | de langue et de littérature française ; de morale ; d'histoire et de géographie ; de mathématiques ; de physique ; de chimie ; d'histoire naturelle ; de mécanique, de travaux graphiques et ateliers | 1re classe, 4,000 ; 2e classe, 3,500 ; 3e classe, 3,000 |
| Professeurs | de langues vivantes ; de dessin d'imitation | 2,400 |

1. Une note officielle d'août 1867 ajoute au trousseau un verre et un couvert (p. 64).

| | | |
|---|---|---|
| Préparateur et conservateur des collections. . . . . . . . . . . . . . . . | 1re classe, | 1,800 |
| | 2e classe, | 1,500 |
| | 3e classe, | 1,200 |
| Jardinier en chef. . . . . . . . . . . . | 1re classe, | 2,400 |
| | 2e classe, | 2,100 |
| | 3e classe, | 1,800 |

Fait à Paris, le 30 septembre 1866.

V. Duruy.

**Arrêté du ministre de l'instruction publique, déterminant les conditions des concours d'agrégation des lycées pour l'enseignement secondaire spécial** (24 décembre 1866)[1].

Le ministre secrétaire d'État au département de l'instruction publique,

Vu l'article 1er du décret en date du 28 mars 1866, rendu pour l'exécution de la loi du 21 juin 1865;

Après avis du conseil supérieur de l'enseignement secondaire spécial, et le conseil impérial de l'instruction publique entendu,

Arrête :

Art. 1er. Pour être admis à prendre part aux épreuves de l'agrégation de l'enseignement secondaire spécial, les candidats doivent être âgés de vingt-cinq ans, produire un certificat constatant qu'ils ont fait la classe pendant cinq ans et être pourvus du brevet de capacité institué par la loi du 21 juin 1865 (art. 6).

Les années passées à l'école normale de l'enseignement spécial seront comptées pour autant d'années de stage.

Le ministre de l'instruction publique peut dispenser les élèves qui auront suivi avec succès les cours de l'école des conditions prescrites par le premier paragraphe du présent article, à l'exception du brevet de capacité, qui devra être pris à l'école même.

Art. 2. Sont dispensés du brevet et de trois ans de stage les licenciés, les anciens élèves de l'École normale supérieure, de l'école polytechnique, les anciens élèves de l'école centrale munis du diplôme, et les anciens élèves libres de l'école des ponts et chaussées et de l'école des mines, pourvus du diplôme délivré par ces écoles.

1. Cet arrêté a été modifié par le décret du 10 février 1869 (p. 75), et l'arrêté du 27 février 1869 (p. 81).

Art. 3. La liste des concurrents est arrêtée par le ministre de l'instruction publique.

Art. 4. Les dispositions générales du titre Ier du règlement du 27 décembre 1855[1] sur les examens de l'agrégation des lycées s'appliquent à l'agrégation de l'enseignement secondaire spécial.

Art. 5. L'agrégation pour l'enseignement secondaire spécial comprend deux sections :

1° La section littéraire et économique;
2° La section des sciences appliquées.

## Titre Ier. — *Dispositions communes aux deux sections de l'agrégation.*

Art. 6. Les épreuves préparatoires consistent en trois compositions. Quatre heures sont accordées pour chacune de ces compositions.

Les épreuves définitives consistent :

1° En trois leçons dans l'ordre de spécialité choisi par le candidat.

La durée de chaque leçon est de trois quarts d'heure. Trois heures de préparation, dans un lieu fermé, sont accordées pour chaque leçon; cinq heures, lorsque cette épreuve comporte des expériences et des manipulations.

2° En trois épreuves pratiques.

Le jury fixe la nature et la durée de ces épreuves; elles ont lieu sous sa surveillance directe.

Art. 7. Les sujets des leçons et des épreuves pratiques sont tirés d'un programme spécial, délibéré en conseil impérial de l'instruction publique, après avis du conseil supérieur de perfectionnement, et la nature des épreuves choisies par le candidat est mentionnée au procès-verbal.

Art. 8. Les candidats pourvus d'un diplôme de docteur en droit, ès lettres ou ès sciences, les anciens élèves de l'École normale supérieure, les élèves de l'école polytechnique admis dans les services publics, les anciens élèves de l'école centrale munis du diplôme, les anciens élèves libres de l'école des ponts et chaussées et de l'école des mines pourvus du diplôme délivré par ces écoles, sont admis de droit aux épreuves définitives, mais ne sont pas dispensés des épreuves préparatoires.

1. Cet arrêté a été modifié par l'arrêté du 27 février 1869 (p. 81).

Peuvent être dispensés des épreuves préparatoires par le ministre de l'instruction publique, après avis du conseil supérieur de perfectionnement, les candidats qui se recommandent par la notoriété de leurs titres scientifiques ou de leurs services dans l'enseignement spécial.

## Titre II. — *Dispositions particulières à la section littéraire et économique.*

Art. 9. Les épreuves préparatoires consistent :

1° En une composition française sur un sujet de morale ou de littérature ;

2° En une composition sur un sujet d'histoire ou de géographie ;

3° En une composition sur une question de législation usuelle ou d'économie commerciale, industrielle ou agricole.

Art. 10. La première leçon porte sur la grammaire, ou la littérature française, ou la morale ;

La seconde, sur l'histoire ou la géographie ;

La troisième porte, au choix du candidat, sur la législation usuelle ou sur l'économie commerciale, industrielle ou agricole.

Art. 11. Les épreuves pratiques se partagent en deux séries, au choix du candidat :

Première Série, Littérature française et législation civile :

1° Lecture et analyse d'un passage d'un des auteurs classiques désignés par le jury ;

2° Correction d'un devoir sur la littérature, la morale, l'histoire ou la législation civile ;

3° Tracé au tableau de la carte d'une contrée désignée par le jury, avec l'indication de la constitution physique et des données politiques et historiques qui s'y rapportent.

Deuxième Série, Sciences économiques :

1° Analyse et discussion des statuts d'une institution de crédit ou d'un établissement financier ;

2° Correction d'un devoir sur la législation commerciale, industrielle ou agricole ;

3° Exercice par écrit de comptabilité.

## TITRE III. — *Dispositions particulières à la section des sciences appliquées.*

Art. 12. Les épreuves préparatoires consistent :

1° En une composition française ;

2° En une composition d'arithmétique ou de géométrie ;

3° En une composition de physique ou de mécanique élémentaire.

Art. 13. Les leçons se partagent en deux séries, au choix du candidat :

Première Série, Sciences mathématiques appliquées :

Première leçon : Algèbre et Trigonométrie et leurs applications ;

Seconde : Géométrie descriptive et ses applications ;

Troisième : Mécanique et ses applications.

Deuxième Série, Sciences physiques appliquées :

Première leçon : Physique et ses applications ;

Seconde : Chimie et ses applications ;

Troisième : Histoire naturelle et ses applications.

Art. 14. Les épreuves pratiques, qui se partagent également en deux séries, au choix du candidat, comprennent :

Première Série, Sciences mathématiques :

1° Épure de géométrie descriptive appliquée ;

2° Levé de plan d'après des mesures prises sur le terrain sous la surveillance d'un membre du jury. Les opérations devront donner lieu à l'emploi des formules de trigonométrie ;

3° Dessin de machine d'après des croquis pris dans une usine, sous la surveillance d'un membre du jury.

Deuxième Série, Sciences physiques :

1° Expérience de physique ;

2° Manipulation de chimie ;

3° Détermination de quelques roches, minéraux, animaux ou plantes, choisis parmi les espèces communes de la France. Cette épreuve, autant que possible, aura lieu sur le terrain. Préparation d'histoire naturelle.

Fait à Paris, le 24 décembre 1866.

V. DURUY.

**Arrêté du ministre de l'instruction publique, fixant la part des traitements éventuels des professeurs de l'enseignement secondaire spécial des lycées** (26 décembre 1866).

Le ministre secrétaire d'État au département de l'instruction publique,

Vu les articles 6 et 7 du décret du 28 mars 1866, fixant le régime financier de l'enseignement secondaire spécial;

Vu l'article 10 du décret du 16 avril 1853, sur le régime financier des lycées;

Vu l'article 5 de la loi du 15 mars 1850;

Le conseil impérial de l'instruction publique entendu,

Arrête :

Art. 1er. Dans les lycées où l'enseignement spécial est organisé, il est opéré, à partir de la première année, un prélèvement de neuf centièmes sur le montant de la pension payée par chaque élève pensionnaire ou demi-pensionnaire de l'enseignement spécial, et un prélèvement de cinq dixièmes sur le prix de l'externat et des conférences payé par chaque externe. Les sommes provenant de ce double prélèvement sont employées, concurremment avec celles dont le prélèvement a lieu aux termes de l'article 10 du décret du 16 avril 1853[1], au payement des traitements éventuels.

Art. 2. Les professeurs de l'enseignement classique et de l'enseignement spécial reçoivent une part égale dans la masse de l'éventuel; mais le nombre des copartageants de l'enseignement spécial est déterminé d'après le nombre normal des chaires, qui sera fixé par arrêté ministériel, et les parts non distribuées resteront acquises aux caisses des lycées.

Art. 3. Lorsque le prélèvement opéré sur la pension des pensionnaires et des demi-pensionnaires et sur les rétributions payées par les externes ne suffit pas pour assurer à chacun des ayants droit un traitement éventuel de 800 francs, ce minimum leur est complété sur les fonds généraux des établissements.

1. « Le traitement éventuel est formé par un double prélèvement de 9/100es sur le prix de la pension payé par chaque pensionnaire, et de 5/10es sur le prix de l'externat et des conférences payé par chaque externe, à partir de la classe de sixième. » (*Décret du 16 avril 1853, art. 10.*)

Art. 4. Les chargés de cours et les divisionnaires de l'enseignement spécial pourront recevoir, outre le traitement fixe, une indemnité variable, qui ne dépassera pas la moitié du traitement éventuel, et qui sera prélevée sur les ressources affectées à ce traitement.

Fait à Paris, le 26 décembre 1866.

V. DURUY.

**Circulaire du ministre de l'instruction publique aux présidents des sociétés savantes, réclamant le concours de ces sociétés pour la création des collections scientifiques des établissements publics d'enseignement secondaire spécial** (12 janvier 1867).

Monsieur le président, l'enseignement spécial, qui s'organise sur un plan nouveau dans la plupart des lycées et des colléges, embrasse l'étude des sciences et de leurs applications d'une manière beaucoup plus étendue que cela n'avait eu lieu jusqu'à ce jour.

L'enseignement de l'histoire naturelle, considérée dans ses rapports avec l'agriculture, l'horticulture, l'industrie, l'art décoratif et le dessin, y tient une place importante; mais, pour que le professeur puisse donner à ses leçons tout l'intérêt dont elles sont susceptibles, et pour que les élèves en tirent un profit réel et durable, il faut que les objets dont il parle soient mis sous leurs yeux et que la parole du maître soit toujours accompagnée d'une démonstration qui gravera les faits dans leur mémoire.

Pour obtenir ce résultat, je viens réclamer le concours de la société savante que vous présidez. Si l'on ne comptait, pour former des collections, que sur les efforts du professeur ou de l'administration, le but ne serait atteint que lentement, et pendant longtemps il resterait dans les collections des établissements d'enseignement spécial des vides regrettables.

J'ai pensé que les naturalistes qui font partie de votre compagnie voudraient bien, dans leur dévouement au progrès de la science et de l'instruction publique, contribuer à la formation de ces petits musées locaux.

Voici la nature des objets qu'on devrait chercher à y réunir :

Pour la *zoologie* : la collection des principaux animaux du département, particulièrement les oiseaux, qui rendent tant de services, et les insectes, qui font tant de mal. On s'attacherait à réunir, d'une manière spéciale, les insectes nuisibles aux végétaux cultivés, dans leurs divers états successifs, pour faire connaître leurs mœurs, leurs transformations et les dégâts qu'ils causent.

Pour la *botanique* : 1° un herbier des plantes du département, avec étiquettes portant la détermination de la famille à laquelle la plante appartient, la localité et l'époque de la récolte; 2° les principaux bois forestiers en échantillons formés de rondelles d'arbres âgés et de planches avec aubier et écorce, collection facile à former par les propriétaires forestiers; 3° les produits agricoles du département, tels que céréales, plantes oléagineuses, textiles, tinctoriales, avec leurs produits à divers degrés de préparation.

Pour la *géologie* : 1° des exemples des roches composant les divers terrains du département, avec des coupes montrant la position dans laquelle on les trouve; 2° le plus grand nombre possible de corps organisés fossiles, animaux ou végétaux, en échantillons bien choisis et pouvant servir à l'enseignement.

Tels seraient, monsieur le président, les objets appartenant à la contrée où se trouve situé un établissement d'enseignement secondaire spécial, qu'il serait à désirer qu'on pût réunir pour l'instruction des élèves dans les sciences naturelles.

Je n'ai pas besoin d'ajouter que les dons d'objets recueillis en dehors du département, et qui aideraient à former une collection plus générale, mise à côté de la collection départementale, seraient reçus avec reconnaissance.

Si même les relations de quelques-uns des membres de votre société leur donnaient le moyen de se procurer des objets exotiques, intéressants par leurs usages dans l'économie domestique ou l'industrie, particulièrement des produits de nos colonies, ainsi que les animaux ou les végétaux qui les fournissent, l'enseignement de l'histoire naturelle, tel qu'il doit être donné dans les établissements pour lesquels je sollicite votre concours, trouverait dans ces objets de très-utiles auxiliaires.

Pour l'exécution, il suffirait, monsieur le président, que vous prissiez la peine d'avertir des intentions de votre compagnie M. l'inspecteur d'académie de votre département, qui prendrait les mesures nécessaires pour la meilleure répartition de ces dons parmi les établissements scolaires de son ressort, où ils seraient conservés avec les noms des donateurs, et qui m'en rendrait compte.

Les sociétés savantes de France auront ainsi rendu un double service à l'enseignement et à la science, en même temps qu'elles aideront à populariser dans notre pays, où elle est trop négligée, une des études les plus charmantes et tout à la fois les plus utiles.

Recevez, etc.

Paris, le 12 janvier 1867.

*Le ministre de l'instruction publique,*

V. Duruy.

---

**Arrêté du ministre de l'instruction publique, modifiant les conditions des concours d'agrégation des lycées pour l'enseignement secondaire spécial** (14 février 1867)[1].

Le ministre secrétaire d'État au département de l'instruction publique,

Vu l'arrêté du 12 novembre 1866;

Vu l'arrêté du 24 décembre 1866, déterminant les conditions de l'agrégation de l'enseignement secondaire spécial,

Arrête :

Art. 1er. La première épreuve préparatoire pour le concours de l'agrégation de l'enseignement secondaire spécial portera, pour les deux sections, sur la littérature française du dix-septième siècle (articles 3 à 19 du programme des cours de troisième année).

Art. 2. La seconde épreuve préparatoire, particulière à la section littéraire et économique, portera sur l'histoire de France depuis 1789 (articles 1 à 28 du programme de troisième année) et sur la géographie commerciale de la France (articles 18 à 26 du programme de géographie de troisième année).

Art. 3. La troisième épreuve préparatoire, particulière à la section littéraire et économique, portera sur la législation commerciale et industrielle (articles 12 à 38 du programme de législation commerciale et industrielle de troisième année).

Art. 4. Sont rapportées les dispositions de l'arrêté du 12 novembre 1866 susvisé, contraires au présent arrêté.

Fait à Paris, le 14 février 1867.

V. Duruy.

1. Cet arrêté a été modifié par l'arrêté du 27 février 1869 (p. 81).

**Circulaire du ministre de l'instruction publique aux recteurs, rappelant les formalités exigées pour les candidats aux bourses de l'enseignement secondaire spécial** (1er avril 1867)[1].

Monsieur le recteur, au moment où vont se réunir, pour la première session de 1867, les commissions départementales chargées d'examiner les aspirants aux bourses de l'enseignement secondaire classique ou spécial des lycées, je crois utile de vous adresser une nouvelle notice indiquant les conditions et les formalités à remplir par les candidats. Cette notice[2], à laquelle il serait bon de donner toute la publicité possible, reproduit les principales dispositions des arrêtés du 6 et du 30 mars 1866 et répond aux diverses questions que ces décisions peuvent faire naître. Il me reste à vous donner quelques instructions, afin de mieux assurer l'exécution des règlements.

J'appellerai d'abord votre attention sur la nécessité de classer exactement les candidats d'après leur âge, pour l'examen. Il arrive parfois que des enfants sont interrogés sur les matières d'une série autre que celle à laquelle ils appartiennent; le but de l'examen, qui est de constater leur aptitude à suivre une classe déterminée, ne se trouve plus dès lors atteint. Il importe que les présidents des commissions prennent à tâche de prévenir les irrégularités de ce genre. A cette occasion, j'exprimerai le désir que la série dans laquelle les épreuves ont été subies soit toujours indiquée sur le procès-verbal général et sur le certificat individuel délivré par les bureaux de la préfecture, encore que l'article 7 de l'arrêté du 9 février 1852 soit muet à cet égard. En effet, cette indication est pour l'administration supérieure l'unique moyen de contrôler les opérations relatives à l'examen.

L'arrêté précité du 9 février 1852 réserve exclusivement au ministre de l'instruction publique la nomination des membres des commissions. Cependant je remarque que des personnes, honorables d'ailleurs, sont appelées, en dehors de l'intervention ministérielle, à faire partie des jurys d'examen. Si la composition de certains jurys laissait à désirer sous ce rapport, vous voudriez bien me mettre en mesure de la régulariser avant la session prochaine; il en serait de même s'il existait dans ces jurys quelque vide à combler.

1. La même circulaire a été adressée aux préfets.
2. Voir cette notice à la suite de cette circulaire.

La circulaire du 15 mars 1856 prescrit de me transmettre sans retard, après chaque session, non-seulement la liste des candidats reconnus admissibles, mais encore celle des candidats qui ont été ajournés ou qui n'out pas répondu à l'appel de leur nom le jour de l'examen. Il m'est souvent utile de connaître le nom de ces derniers. Je vous prie donc de tenir la main à ce que cette prescription soit exécutée.

Vos rapports sur les demandes de bourses doivent toujours exprimer un avis, lors même que l'examen n'a pas encore été subi par le candidat.

Enfin, je dois faire remarquer que les ressources des familles ne sont pas indiquées d'une manière assez précise par des expressions telles que celles-ci : *il n'a d'autre fortune que sa solde ou son traitement, etc.* C'est le montant de la solde ou du traitement que je désire, autant qu'il est possible, connaître exactement. Rien ne m'est plus nécessaire, dans l'intérêt de la justice et de la sage répartition des bourses, que d'avoir une indication détaillée des ressources des pétitionnaires.

Recevez, etc.

Paris, le 1er avril 1867.

*Le ministre de l'instruction publique,*

V. Duruy.

---

**Note indicative des conditions et des formalités à remplir pour l'obtention d'une bourse impériale, départementale ou communale dans les lycées ou colléges, en exécution du décret du 7 février 1852 et des arrêtés des 9 février 1852, 21 mai 1853, 6 et 30 mars 1866.**

*Conditions générales obligatoires pour les candidats aux bourses de l'enseignement classique et de l'enseignement spécial.*

1. *Des différentes natures de bourses.*

Les boursiers impériaux sont nommés, sur la proposition du ministre de l'instruction publique, par l'Empereur, à raison des services de leurs parents.

Les services militaires sont constatés par des états dûment certifiés; les services civils, par les préfets ou par les ministres compétents.

Le préfet du département confère, sous la confirmation du ministre de l'instruction publique, les bourses départementales et communales, ces dernières d'après une liste dressée par les conseils municipaux.

Suivant la position de fortune des parents ou de l'élève, il sera accordé à celui-ci une bourse entière ou trois quarts de bourse, ou seulement une demi-bourse.

### 2. *Commission d'examen.*

Les candidats aux bourses impériales, départementales et communales doivent justifier, par un examen préalable, qu'ils sont en état de suivre la classe correspondante à leur âge.

Les candidats examinés ne peuvent obtenir une bourse qu'autant qu'ils ont mérité, dans les résultats comparés des deux épreuves, au moins la moyenne *cinq*. Le chiffre *dix* exprime la note la plus favorable.

La commission chargée d'examiner les candidats se réunit, à la préfecture de chaque département, du 1er au 15 avril et du 1er au 15 juillet.

Le résultat de l'examen est valable pour les candidats aussi longtemps qu'ils appartiennent par leur âge à la catégorie dans laquelle ils ont été examinés.

### 3. *Formalités et conditions à remplir par les familles des candidats.*

Les familles des candidats doivent les faire inscrire, du 15 au 30 mars ou du 15 au 30 juin, au secrétariat de la préfecture du département de leur résidence ou de la résidence de leurs enfants.

Pour être admis à l'examen, les candidats doivent, pour l'enseignement classique, avoir 9 ans accomplis et moins de 17 ans; pour l'enseignement spécial, 10 ans accomplis et pas plus de 15 ans.

Lors de l'inscription pour l'examen, les familles des candidats doivent produire :

1° L'acte de naissance de l'enfant;

2° Un certificat de bonne conduite délivré par le chef de l'établissement où le candidat a commencé ses études, s'il a déjà suivi des cours primaires ou secondaires.

### 4. *Programme des examens pour les bourses de l'enseignement classique.*

Les candidats sont réunis pour l'examen de la manière suivante :

Les candidats ayant 9 ans accomplis et moins de 11 ans, au 1er octobre de l'année où l'examen est subi;

Les candidats ayant 11 ans accomplis et moins de 12 ans, à la même époque;

Les candidats ayant 12 ans accomplis et moins de 13 ans, à la même époque;

Les candidats ayant 13 ans accomplis et moins de 14 ans, à la même époque;

Les candidats ayant 14 ans accomplis et moins de 17 ans, à la même époque.

Chaque série de candidats aura à subir une épreuve écrite et une épreuve orale.

Ces épreuves sont :

Pour la 1re Série. — Épreuve écrite : Exercice d'orthographe française sur les noms, les adjectifs et les verbes. — Épreuve orale : Lecture à haute voix; interrogations sur la grammaire française (noms, adjectifs et verbes), sur la pratique des quatre règles (nombres entiers), sur l'histoire sainte (jusqu'à la mort de Salomon), sur la géographie (définitions, divisions principales du globe et de l'Europe); explication d'une fable de Fénelon.

Pour la 2e Série. — Épreuve écrite : Exercices de déclinaisons et de conjugaisons latines. — Épreuve orale : Lecture à haute voix; interrogations sur la grammaire française, sur la grammaire latine (déclinaisons et conjugaisons), sur le système légal des poids et mesures, sur l'histoire sainte, sur la géographie de la France; explication d'un passage choisi dans les vingt premiers chapitres du *de Viris illustribus urbis Romæ*.

Pour la 3e Série. — Épreuve écrite : Version latine de la force de la classe de sixième. — Épreuve orale : Interrogations sur la grammaire française, sur la grammaire latine (syntaxe, premières règles de la méthode), sur la grammaire grecque (déclinaisons), sur les éléments d'histoire et de géographie anciennes (1re partie); exercices de calcul au tableau; explication d'un passage tiré du *Selectæ e profanis scriptoribus historiæ* et des fables d'Ésope.

Pour la 4e Série. — Épreuve écrite : Version latine de la force de la classe de cinquième. — Épreuve orale : Interrogations sur la grammaire française, sur la grammaire latine, sur la grammaire grecque (déclinaisons et conjugaisons), histoire ancienne (2e partie et géographie correspondante); exercices de calcul au tableau; explication d'un passage tiré du *Cornelius Nepos* et de *Lucien* (Dialogues des morts); langues vivantes.

Pour la 5e Série. — Épreuve écrite : Version latine de la force de la classe de quatrième. — Épreuve orale : Interrogations sur les grammaires française, latine et grecque, sur la prosodie latine, sur l'histoire ancienne (3e partie) et la géographie générale de l'Amérique et de l'Océanie, sur les éléments de l'arithmétique et les notions préliminaires de géométrie; explication d'un passage tiré des *Métamorphoses* d'Ovide et de la *Cyropédie* de Xénophon.

### 5. *Programme des examens pour les bourses de l'enseignement spécial.*

Les candidats sont réunis pour l'examen de la manière suivante :

Les candidats ayant 10 ans accomplis et n'ayant pas dépassé 12 ans, au 1er octobre de l'année où l'examen est subi;

Les candidats ayant 12 ans accomplis et n'ayant pas dépassé 13 ans, à la même époque;

Les candidats ayant 13 ans accomplis et n'ayant pas dépassé 15 ans, à la même époque.

Ces épreuves sont :

Pour la 1re Série (Cours préparatoire). — Épreuve écrite : Dictée française devant servir en même temps d'exercice d'écriture. — Épreuve orale : Lecture à haute voix et explication d'une ou plusieurs fables des cinq premiers livres des fables de La Fontaine. — Interrogations sur les éléments de la langue française et du calcul.

Pour la 2e Série. — Épreuve écrite : Dictée française devant servir en même temps d'exercice d'écriture. — Épreuve orale : Interrogations sur les matières qui forment l'enseignement de l'année préparatoire et sur les principes de la grammaire anglaise ou allemande, sur l'histoire de France pendant le moyen âge, sur la géographie des divers États européens à la même époque, sur des notions d'arithmétique et de géométrie plane.

Pour la 3e Série. — Épreuve écrite : Exercice de composition ou d'analyse littéraire. — Épreuve orale : Interrogations sur l'histoire (les grandes époques de l'histoire ancienne, grecque, romaine et du moyen âge); sur les mathématiques (arithmétique et premières notions de géométrie plane); sur des notions élémentaires de physique, de chimie, d'histoire naturelle et de comptabilité.

6. *Dispositions particulières pour les bourses impériales de l'enseignement classique et de l'enseignement spécial.*

Les familles des candidats aux bourses impériales doivent envoyer au ministre de l'instruction publique, à l'appui de leur demande en concession de bourse :

1° L'acte de naissance de l'enfant ;

2° Le certificat de bonne conduite délivré par le chef de l'établissement où le candidat a commencé ses études, s'il a déjà suivi des cours primaires ou secondaires ;

3° Un extrait de la liste des admissibles, délivré au secrétariat de la préfecture, constatant le nombre de points obtenu par le candidat;

4° Une note détaillée ou un état dûment certifié des services sur lesquels la demande est fondée;

5° Un bulletin indicatif du montant annuel de leurs ressources de toute nature, ainsi que du nombre et de l'âge de leurs enfants, et des charges quelconques qu'elles ont à supporter. Cet état doit être certifié par le préfet du département ;

6° L'engagement écrit des parents de payer les frais de trousseau et de pension laissés à leur charge.

---

**Décret impérial, fixant les rétributions dues par les candidats au brevet de capacité et au diplôme de l'enseignement secondaire spécial** (12 août 1867).

NAPOLÉON, par la grâce de Dieu et la volonté nationale, Empereur des Français, à tous présents et à venir, salut :

Sur le rapport de notre ministre secrétaire d'État au département de l'instruction publique;

Vu l'article 30 de la loi de finances du 27 juillet 1867, ainsi conçu :

« Un décret rendu en la forme des règlements d'administration publique fixera le taux des rétributions que devront acquitter les candidats au diplôme institué par l'article 4 de la loi du 21 juin 1865, sur l'enseignement secondaire spécial, et les candidats au brevet de capacité institué par l'article 6 de la même loi; »

Notre conseil d'État entendu,

Avons décrété et décrétons ce qui suit :

Art. 1er. Les candidats au diplôme institué par l'article 1 de la loi du 21 juin 1865[1] versent, au moment de leur inscription, la somme de 25 francs, savoir :

| | |
|---|---|
| Pour droits d'examen . . . . . | 15 fr. |
| Pour droits de diplôme . . . . | 10 |

Art. 2. Les candidats au brevet de capacité institué par l'article 6 de la même loi versent, au moment de leur inscription, la somme de 50 francs, savoir :

| | |
|---|---|
| Pour droits d'examen. . . . . | 30 fr. |
| Pour droits de diplôme. . . . . | 20 |

Art. 3. Il est accordé, comme droit de présence, aux membres des jurys chargés de faire passer les examens une indemnité dont le taux est fixé par notre ministre de l'instruction publique.

Art. 4. Notre ministre secrétaire d'État au département de l'instruction publique est chargé de l'exécution du présent décret.

Fait au camp de Châlons, le 12 août 1867.

NAPOLÉON.

Par l'Empereur :

*Le ministre de l'instruction publique,*

V. Duruy.

---

## Note sur l'école normale de l'enseignement spécial établie à Cluny (août 1867)[2].

### I. *But de l'institution, durée des cours, etc.*

L'école normale de Cluny est destinée à former des maîtres pour l'enseignement spécial des lycées et des collèges, pour certaines parties de l'enseignement des écoles normales et pour la direction des grandes écoles communales.

Un collège spécial *modèle*, qui s'y trouve annexé, permet aux élèves de l'école, en secondant les professeurs titulaires, de se former à la pratique de l'enseignement.

Indépendamment de sa destination spéciale, l'institution fournit aux nombreuses familles adonnées à l'agriculture, à

1. Voir la loi du 21 juin 1865 (p. 1).
2. Cette note a été modifiée dans plusieurs parties par l'arrêté du 19 février 1869 (p. 75).

l'industrie, aux arts et au commerce, le moyen de procurer à leurs enfants un complément d'instruction et d'éducation en rapport avec l'esprit et les besoins de notre état social.

Placée dans l'ancienne et célèbre abbaye, l'école de Cluny, qui occupe une étendue de sept hectares et dont les bâtiments (dortoirs, réfectoires, salles de classes et de travail, chapelle) sont spacieux et bien aérés, offre aux élèves d'excellentes conditions pour l'étude, loin des dangereuses séductions d'une grande ville. Ces jeunes gens ont à leur disposition une bibliothèque, des collections scientifiques de toute sorte, un cabinet de physique, des laboratoires, des ateliers pour l'exécution des modèles de l'école, un portefeuille garni de dessins variés, de vastes jardins où ils peuvent faire tout à la fois de la botanique et de la culture; en outre, grâce à la munificence d'un grand nombre d'industriels, il se fonde à l'école un musée technologique, qui se composera des matières premières employées dans les arts et manufactures, des produits obtenus à l'aide de ces matières, et des échantillons caractéristiques des principales transformations qu'il y a lieu de signaler à l'attention des élèves pendant la durée du travail pratiqué dans les usines.

Le cours d'études est de deux ans, au bout desquels les élèves doivent avoir subi avec succès les épreuves du brevet de capacité institué par la loi du 21 juin 1865[1]. Il peut être accordé une troisième année aux élèves qui seront reconnus aptes à concourir pour l'agrégation de l'enseignement spécial, ou à ceux qui désirent parfaire leurs études et se préparer plus fortement aux carrières industrielles, agricoles ou commerciales.

En dehors de l'instruction morale et religieuse, les cours comprennent : 1° l'étude des lettres; 2° l'étude des sciences; 3° des exercices pratiques.

L'étude des lettres embrasse : 1° l'histoire, la géographie, les principes de législation civile et d'économie rurale et industrielle; 2° la langue et la littérature françaises; 3° les langues vivantes.

L'étude des sciences embrasse les mathématiques (dont on a soin d'écarter les théories trop élevées), la physique, la chimie, la mécanique, l'histoire naturelle.

Les exercices pratiques consistent en manipulations de physique, de chimie, d'histoire naturelle et de mécanique; en montage d'appareils; en travaux graphiques reproduisant d'une manière sensible les résultats positifs de tous les cours; enfin, en travaux d'atelier, dont le but n'est pas

1. Voir la loi du 21 juin 1865 (p. 1).

d'apprendre aux élèves un art ou un métier, mais de développer leurs facultés manuelles, d'exercer leur coup d'œil et de les obliger à raisonner et à réfléchir, en les initiant à cette pratique générale qui forme la base d'une multitude de professions.

Pendant la première année, les élèves étudient les sciences mathématiques et physiques dans leurs théories les plus importantes et les plus générales, tandis que la deuxième année les considère surtout au point de vue de leur application.

Les élèves autorisés à faire une troisième année ne sont plus assujettis à suivre les cours relatifs aux études générales, mais ils peuvent le faire complétement ou partiellement. Ils sont placés sous la direction particulière d'un ou de plusieurs professeurs de l'école, chargés, dans des conférences journalières, de leur indiquer un plan de travail, de suivre leurs progrès, de leur désigner les portions de cours qu'il leur est utile de suivre de nouveau. Ces élèves trouvent, en outre, des conseils auprès de tous les professeurs à mesure qu'ils en éprouvent la nécessité.

## II. *Conditions d'admission.*

L'école se recrute au moyen de bourses fondées par l'État, par les départements, par les communes et par les particuliers.

Elle reçoit, en outre, des élèves payants.

Les candidats aux bourses et les élèves payants doivent remplir les conditions suivantes :

1° Avoir au moins dix-huit ans accomplis et au plus vingt-cinq au 1er octobre de l'année dans laquelle ils se présentent;

2° Justifier, soit du brevet primaire complet ou du diplôme institué par l'article 4 de la loi du 21 juin 1865[1], soit du certificat d'admissibilité à l'école centrale des arts et manufactures, soit du diplôme de bachelier ès lettres ou ès sciences (les élèves payants peuvent être dispensés de ces justifications);

3° Avoir subi avec succès les épreuves d'un examen ou d'un concours : d'un examen, s'il s'agit d'élèves payants; d'un concours, s'il s'agit de candidats à des bourses de l'État ou à des bourses de départements, de communes et de particuliers, qui préfèrent ce second mode au premier.

1. Voir la loi du 21 juin 1865 (p. 1).

### III. *Sessions de concours ou d'examen.*

Le concours ou l'examen se passe au chef-lieu du département ou dans une autre localité du même département désignée par le ministre.

Il y a, chaque année, dans la première quinzaine de juillet, un concours pour les candidats aux bourses impériales. Ces candidats doivent se faire inscrire, du 1er au 15 juin[1], sur un registre ouvert à cet effet dans toutes les académies. Le ministre arrête la liste définitive des concurrents.

Un second concours est autorisé, s'il y a lieu, avant le 15 septembre, pour les jeunes gens ajournés en juillet et pour ceux qui se seraient fait inscrire du 15 août au 1er septembre[2].

Les concours ou examens pour les bourses des départements, des communes ou des particuliers, ainsi que les examens des élèves payants, ont lieu séparément, aux mêmes époques et devant les mêmes juges que le concours ouvert pour les bourses de l'État.

### IV. *Nombre, nature et durée des épreuves.*

Le concours pour les bourses de l'État et l'examen dont il a été parlé ci-dessus se composent de quatre épreuves :

Trois épreuves écrites;

Une épreuve orale.

Les épreuves écrites ont pour objet :

1° Une question élémentaire sur l'histoire et la géographie de la France;

2° Une question d'arithmétique appliquée et une question de géométrie élémentaire;

3° Une question de dessin linéaire et de dessin d'ornement.

La durée de chacune de ces épreuves est de trois heures. Il est interdit de faire usage de notes manuscrites ou de livres.

L'épreuve orale porte sur les matières ci-après déterminées :

Histoire et géographie de la France;

Nomenclature chimique, oxygène, hydrogène, eau, air, azote, carbone, acide carbonique, combustion;

1. L'inscription des candidats a lieu actuellement du 15 avril au 1er juin. Voir l'arrêté du 19 février 1869 (p. 75).

2. Ce second concours n'a pas été maintenu par l'arrêté du 19 février 1869 (p. 75).

Baromètre, thermomètre, siphon, pompe aspirante, pompe foulante, balance, pesanteurs spécifiques, aréomètres ;

Germination, fonction des feuilles, respiration des animaux, asphyxies.

La durée de l'épreuve orale est d'une heure.

L'épreuve orale est seule publique. Ne peuvent y être admis que les candidats ayant subi toutes les épreuves écrites.

Les candidats qui en auront fait la demande seront examinés sur les langues vivantes ; il sera tenu compte des résultats de cette épreuve dans l'ensemble du classement, en ce qui les concerne.

### V. *Avantages accordés aux élèves de l'école.*

Les dispositions de l'article 79 de la loi du 15 mars 1850[1], relatives à la dispense du service militaire, sont applicables aux élèves de l'école normale de Cluny qui se destinent à l'enseignement public.

Le temps passé à l'école par ces élèves leur sera compté pour la liquidation de la pension de retraite à laquelle ils pourront avoir droit comme professeurs de lycées ou de colléges.

### VI. *Prix de la pension et du trousseau.*

Le prix de la pension à l'école normale de Cluny est de 800 francs par an ; celui du trousseau, de 300 francs.

Le prix de la pension est payable par trimestre et d'avance, conformément à la répartition suivante :

3 dixièmes (ouverture des classes au 31 décembre) ;

3 dixièmes (janvier, février et mars) ;

4 dixièmes (avril, mai, juin, juillet) ;

Le trousseau est composé ainsi qu'il suit :

Une redingote en drap bleu, conforme au modèle, avec palmes en soie bleue et blanche du côté gauche seulement ; au centre des palmes, une abeille ; — deux pantalons en drap bleu ; — deux gilets droits en drap bleu, fermés par

1. « Les élèves de l'École normale supérieure, les maîtres d'études, régents et professeurs des colléges et lycées, sont dispensés du service militaire, s'ils ont, avant l'époque fixée pour le tirage, contracté devant le recteur l'engagement de se vouer pendant dix ans à l'enseignement public, et s'ils réalisent cet engagement. » (*Loi du 15 mars* 1850, *art.* 79.)

une seule rangée de boutons; — deux pantalons en coutil gris; — un gilet droit en étoffe légère et de couleur foncée pour l'été; — une veste en drap bleu pour l'intérieur; — trois blouses bleues; — une casquette en drap bleu pour les sorties, conforme au modèle, avec une abeille en soie bleue et blanche; — une casquette d'intérieur; — douze chemises; — douze mouchoirs en toile; — quatre caleçons; — douze serviettes; — trois cravates en soie noire; — douze paires de chaussettes ou bas; — deux paires de draps de lit; — trois paires de souliers; — un verre et un couvert; — un peigne, une brosse à peigne, une brosse à cheveux et une brosse à habit.

Le prix de ce trousseau peut être payé en quatre termes trimestriels, de 75 francs chacun.

Les familles sont libres de fournir ce trousseau en nature si elles le préfèrent.

Tous les frais d'entretien, de réparations et de blanchissage, sont à la charge de l'école.

---

**Arrêté du ministre de l'instruction publique, fixant les droits de présence des membres des jurys de l'enseignement secondaire spécial** (7 septembre 1867).

Le ministre secrétaire d'État au département de l'instruction publique,

Vu l'article 3 du décret en date du 12 août 1867,

Arrête :

Art. 1er. Une indemnité sera répartie, à la fin de chaque session, entre les membres des jurys chargés d'examiner les candidats au diplôme d'études et au brevet de capacité spécifiés dans les articles 4 et 6 de la loi du 21 juin 1865[1].

Cette indemnité sera calculée à raison de 15 francs par examen pour le diplôme d'études et de 25 francs pour le brevet de capacité.

Art. 2. Il est institué près de chaque jury d'examen un secrétaire agent comptable chargé, sous l'autorité du président, de la perception des droits pour le compte du Trésor et des écritures qui s'y rapportent.

Ces secrétaires agents comptables recevront, à titre de rétribution, un droit de cinq pour cent sur les recettes brutes.

1. Voir la loi du 21 juin 1865 (p. 1).

Les dispositions du décret du 31 octobre 1849[1] relatif aux cautionnements leur sont applicables.

Art. 3. Le présent arrêté sera exécutoire à partir de la session d'examen du mois de novembre prochain.

Fait à Paris, le 7 septembre 1867.

V. DURUY.

**Circulaire du ministre de l'instruction publique aux recteurs, relative à l'exécution du décret du 12 août 1867, fixant les rétributions dues par les candidats au diplôme et au brevet de capacité de l'enseignement secondaire spécial** (10 octobre 1867).

Monsieur le recteur, vous avez pris connaissance du décret du 12 août 1867[2], rendu en exécution de la loi de finances du 27 juillet de la même année, et portant que les candidats aux diplômes de l'enseignement secondaire spécial devront verser, au moment de leur inscription pour l'examen, savoir :

Les candidats au diplôme d'études,

Pour droits d'examen, 15 francs;
Pour droits de diplôme, 10 francs;

Les candidats au brevet de capacité,

Pour droits d'examen, 30 francs;
Pour droits de diplôme, 20 francs.

Le même décret dispose qu'un droit de présence est accordé aux membres des jurys chargés de faire passer les examens, et que le taux de cette indemnité sera fixé par le ministre de l'instruction publique. En conséquence de cette disposition, j'ai décidé, par arrêté du 7 septembre 1867[3],

1. « Les agents comptables, ressortissant au département de l'instruction publique, assujettis à l'obligation de fournir un cautionnement en garantie de leur gestion, sont les secrétaires caissiers des facultés, etc. Ceux de ces agents, dont les recettes annuelles n'excèdent pas 5,000 francs, sont dispensés de fournir un cautionnement. — Les cautionnements des secrétaires caissiers sont fixés à 10 p. 1000 sur les premiers 100,000 francs des recettes réalisées pendant la dernière année expirée. » (*Décret du* 31 *octobre* 1849.)

2. Voir ce décret, page 58.

3. Voir cet arrêté, page 64.

dont je vous adresse plusieurs exemplaires, que l'indemnité devra être répartie à la fin de chaque session entre les membres des jurys et calculée à raison de 15 francs par examen pour le diplôme d'études, de 25 francs pour le brevet de capacité.

Le registre d'inscription des candidats, la perception des droits d'examen et de diplôme, la rédaction des certificats d'aptitude et la répartition des droits de présence aux examens seront, autant que possible, confiés, sous l'autorité du président du jury, soit au secrétaire agent comptable des facultés des lettres et des sciences pour les examens subis au chef-lieu académique, soit au commis d'inspection pour les examens subis au chef-lieu départemental. Vous voudrez bien me faire vos propositions dans ce sens pour les jurys de votre ressort académique.

Les droits de présence des examinateurs seront ordonnancés, comme les traitements éventuels des facultés, sur la production d'états émargés.

Le droit de diplôme n'est acquis définitivement au compte du Trésor que si le candidat a été reconnu digne de recevoir le diplôme. Dans le cas contraire, sa consignation lui sera remboursée.

Les secrétaires agents comptables seront commissionnés par le ministre des finances et tomberont sous l'application du décret du 31 octobre 1849, relatif aux cautionnements, à partir de l'année où la recette aura dépassé 5,000 francs.

Vous voudrez bien assurer l'exécution de l'arrêté du 7 septembre 1867 dès la session d'examen du mois de novembre prochain.

Recevez, etc.

Paris, le 10 octobre 1867.

*Le ministre de l'instruction publique,*

V. Duruy.

---

**Circulaire du ministre de l'instruction publique aux recteurs, relative à la comptabilité des secrétaires agents comptables des jurys de l'enseignement secondaire spécial** (26 novembre 1867).

Monsieur le recteur, il m'a paru nécessaire de vous transmettre, pour MM. les secrétaires agents comptables près des jurys d'examen de l'enseignement secondaire spécial, des instructions qui leur indiquent la marche à suivre pour les recettes et les dépenses qu'ils auront à faire.

Ces agents, étant dans la même situation que les secrétaires des facultés, seront soumis aux mêmes règles que ces comptables, dont les obligations sont déterminées par les règlements de comptabilité des 27 novembre 1834 et 27 novembre 1841 et par l'arrêté du 22 août 1854. Je crois inutile d'entrer dans le détail de ces dispositions. C'est d'ailleurs avec les receveurs des finances, sous la surveillance et la direction desquels les secrétaires agents comptables des jurys d'examen sont placés, qu'ils devront s'entendre pour les registres de comptabilité à tenir et les justifications à produire.

En ce qui concerne les pièces justificatives à transmettre au ministère de l'instruction publique (2e division, 2e bureau), les secrétaires agents comptables auront à dresser, après chaque session, un état sommaire des droits acquis au compte du service de l'enseignement secondaire spécial. Cet état, qu'on divisera en deux parties, devra renfermer des renseignements scolaires qui fourniront les éléments d'une statistique de l'enseignement secondaire spécial et permettront de se rendre un compte exact des résultats des examens.

Les droits de présence des examinateurs seront ordonnancés au nom des secrétaires, sur la production d'états dûment émargés et portant la mention de l'autorisation de toucher pour eux, donnée par les ayants droit.

Le prélèvement de 5 p. 0/0 sur les recettes attribué, à titre de rémunération, aux secrétaires agents comptables sera calculé sur les recettes, défalcation faite des sommes consignées, c'est-à-dire sur les droits acquis au Trésor. Pour le payement de cette indemnité, il y aura lieu de fournir un état qui me sera transmis en double expédition, ainsi que ceux qui sont relatifs aux droits de présence des examinateurs.

Les dépenses du matériel, qui seront très-minimes et qui consisteront principalement en achats de registres et d'imprimés, seront acquittées par les secrétaires au moyen d'une avance qui sera mise à leur disposition, et dont le chiffre sera fixé d'après les propositions que vous aurez à m'adresser à cet égard. Il devra être justifié de l'emploi de cette avance dans le délai d'un mois, par l'envoi d'un bordereau de dépense appuyé des mémoires des fournisseurs et des autres pièces justificatives. Dans le cas où les secrétaires auraient payé ces dépenses de leurs deniers, il serait délivré à leur profit une ordonnance de remboursement, sur la production d'un bordereau semblable, appuyé des mêmes justifications.

Toutes les pièces à produire au ministère devront être établies dans la forme adoptée par les facultés pour les cas analogues et être revêtues du visa du président du jury et de celui du recteur.

Recevez, etc.

Paris, le 26 novembre 1867.

*Le ministre de l'instruction publique,*
V. DURUY.

---

**Décret impérial, admettant au concours général des lycées et collèges l'enseignement secondaire spécial** (21 décembre 1867).

NAPOLÉON, par la grâce de Dieu et la volonté nationale, Empereur des Français, à tous présents et à venir, salut :

Sur la proposition de notre ministre secrétaire d'État au département de l'instruction publique,

Vu le décret du 28 mai 1864, relatif au concours académique et au concours général entre les lycées et colléges des départements;

Vu la loi du 21 juin 1865, portant organisation de l'enseignement secondaire spécial;

Le conseil supérieur de perfectionnement et le conseil impérial entendus,

Avons décrété et décrétons ce qui suit :

Art. 1er. L'enseignement secondaire spécial sera désormais représenté dans le concours général qui a lieu annuellement entre les lycées et colléges de l'empire.

Les classes et les facultés admises à prendre part à ce concours seront déterminées par un arrêté ministériel[1].

Art. 2. Notre ministre secrétaire d'État au département de l'instruction publique est chargé de l'exécution du présent décret.

Fait au palais de Saint-Cloud, le 21 décembre 1867.

NAPOLÉON.

Par l'Empereur :
*Le ministre de l'instruction publique,*
V. DURUY.

1. Voir cet arrêté (p. 69).

**Arrêté du ministre de l'instruction publique, déterminant la nature des compositions du concours général des départements pour l'enseignement secondaire spécial** (30 décembre 1867).

Le ministre secrétaire d'État au département de l'instruction publique,

Vu le décret en date du 21 décembre 1867;

Vu l'arrêté du 10 avril 1865, portant règlement pour le concours académique et pour le concours général entre les lycées et colléges des départements;

Après avis du conseil supérieur de perfectionnement pour l'enseignement spécial, et le conseil impérial de l'instruction publique entendu;

Considérant que l'enseignement spécial n'est encore organisé dans la plupart des établissements que pour les trois premières années du cours normal des études spéciales, et que les sciences économiques font partie du cours de la quatrième année;

Considérant qu'il convient de n'accorder au dessin d'imitation et au dessin d'ornement, ainsi qu'aux études de langues vivantes, l'éclatante récompense d'un prix au concours général des départements que lorsque ces études auront pris tout le développement que le programme de l'enseignement spécial comporte,

Arrête :

Art. 1er. Les lycées et les colléges où l'enseignement secondaire spécial est établi sont appelés à prendre part, en 1868, au concours général des départements pour trois compositions choisies, l'une dans les matières littéraires, les deux autres dans les matières scientifiques de la troisième année d'études, de la manière suivante :

1° Histoire et morale, littérature française ou législation usuelle ;

2° Dessin géométrique et mécanique;

3° Physique et chimie.

Art. 2. Le concours aura lieu dans les formes prévues par l'arrêté du 10 avril 1865.

Fait à Paris, le 30 décembre 1867.

V. Duruy.

**Circulaire du ministre de l'instruction publique aux recteurs, relative à l'exécution du décret du 21 décembre 1867 et de l'arrêté du 30 décembre 1867, concernant le concours général pour l'enseignement secondaire spécial** (24 février 1868).

Monsieur le recteur, vous avez dû lire dans le *Bulletin administratif* un décret impérial du 21 décembre 1867 et un arrêté ministériel du 30 relatif à l'institution de trois prix pour l'enseignement spécial (troisième année) au concours général des départements.

Les compositions porteront sur les matières suivantes : 1° histoire et morale, littérature française ou législation usuelle; 2° mécanique et dessin géométrique; 3° physique et chimie.

Les formes déterminées dans l'arrêté du 10 avril 1865 sur les concours sont applicables en l'espèce. Par suite, un concours académique, ouvert par vos soins en temps utile, précédera le concours général des départements, les lauréats du premier devant être les candidats du second.

Les concurrents qui n'auront pas dépassé, au 1er janvier 1868, seize ans révolus seront seuls admis à concourir.

Comme l'indique un des considérants de mon arrêté du 30 décembre dernier, j'ai jugé que le moment n'était pas encore venu d'admettre à l'épreuve du concours général le dessin d'imitation et le dessin d'ornement; mais un concours académique servirait à donner dès à présent la mesure des progrès de nos élèves dans ces deux ordres d'études. J'ai donc décidé qu'un concours de ce genre aurait lieu en 1868. Je fais préparer en ce moment des modèles de composition. Afin que je vous en envoie en temps opportun le nombre convenable, vous voudrez bien me faire connaître aussi promptement que possible, pour les lycées et colléges de votre ressort, le nombre nécessairement restreint (en se bornant aux plus distingués) des élèves qui seront admis à concourir. Il me semble difficile, pour ce premier concours, de fixer une limite d'âge quelconque; car ce que je désire bien constater, c'est le point auquel est arrivée en ce moment l'étude du dessin dans les maisons universitaires.

Je voudrais également qu'il y eût un concours académique pour les langues vivantes. Le règlement établi à Paris pour le prix du concours général des langues vivantes pourra vous servir de modèle[1].

Pour les langues vivantes, comme pour le dessin, il n'y aura aucune délimitation d'âge ni de classe, et les élèves des deux ordres d'enseignement classique ou spécial seront admis à concourir.

Vous aurez soin de m'envoyer les dessins de votre académie qui auront obtenu les quatre premières places, avec un rapport détaillé sur la valeur de l'épreuve. Je désire avoir un rapport semblable pour le concours des langues vivantes.

Recevez, etc.

Paris, le 24 février 1868.

*Le ministre de l'instruction publique,*

V. Duruy.

1. Voici le texte du règlement établi à Paris pour le prix du concours général des langues vivantes par décision ministérielle du 16 juin 1865 :

« Il y aura, pour chaque faculté, le thème et la version, un prix et quatre accessits.

« Une épreuve orale sera ajoutée à l'épreuve écrite.

« Le vice-recteur, assisté d'un inspecteur et du secrétaire de l'académie, fera l'ouverture des procès-verbaux et des bulletins correspondant aux vingt premières copies classées par le jury dans chacune des compositions, thème et version, des langues anglaise ou allemande. Les élèves auxquels appartiennent ces copies seront appelés, sans indication du rang qu'ils auront obtenu dans la composition, à participer à l'épreuve orale.

« Cette épreuve sera jugée par les membres du jury qui auront corrigé les compositions. L'épreuve sera individuelle, successive pour chaque candidat; elle sera subie à huis clos. Sa durée sera de quinze minutes au plus. L'épreuve s'ouvrira par la lecture d'un texte anglais ou allemand qui ne pourra excéder cinq minutes; le reste du temps sera consacré à la conversation.

« Le maximum des points est de vingt pour l'épreuve orale, de même que pour la composition. Les points obtenus sont répartis, par moitié, entre le thème et la version. Dans le cas où l'un des candidats n'aurait rang que dans l'une des facultés, c'est pour cette moitié seulement qu'on lui compterait la moitié des points obtenus. Ces points s'ajouteront, pour le classement définitif, à ceux de la composition écrite. »

**Décret impérial, exemptant les élèves boursiers de l'école normale de Cluny des rétributions dues pour les examens et diplôme du brevet de capacité de l'enseignement secondaire spécial** (15 avril 1868).

NAPOLÉON, par la grâce de Dieu et la volonté nationale, Empereur des Français, à tous présents et à venir, salut :

Sur le rapport de notre ministre secrétaire d'État au département de l'instruction publique,

Vu les lois de finances des 23 et 24 mai 1834 ;

Vu l'article 56 du règlement de comptabilité du 27 novembre 1834, rendu en exécution desdites lois ;

Vu l'article 6 de la loi du 21 juin 1865 ;

Vu l'article 9 du décret du 6 mars 1866,

Avons décrété et décrétons ce qui suit :

Art. 1er. Les avantages attachés par les lois et règlements au titre d'élève de l'École normale supérieure sont attribués aux élèves boursiers de l'école normale de Cluny, en ce qui concerne la gratuité des droits d'examen et de diplôme (brevet de capacité).

Art. 2. Notre ministre secrétaire d'État au département de l'instruction publique est chargé de l'exécution du présent décret.

Fait au palais des Tuileries, le 15 avril 1868.

NAPOLÉON.

Par l'Empereur :

*Le ministre de l'instruction publique,*

V. DURUY.

---

**Circulaire du ministre de l'instruction publique aux recteurs, relative aux droits d'enregistrement de la prestation de serment des secrétaires agents comptables de l'enseignement secondaire spécial** (5 mai 1868).

Monsieur le recteur, quelques-uns de MM. les secrétaires agents comptables près les jurys d'examen de l'enseignement secondaire spécial ayant demandé à être exonérés des droits d'enregistrement de l'acte de prestation de serment, j'ai appelé l'attention de M. le ministre des finances sur cette réclamation, que justifient le chiffre peu élevé des sommes encaissées par les comptables et la rétribution minime qui leur est allouée.

Mon collègue vient de m'adresser la réponse suivante :

« La loi du 22 frimaire an VII, article 69, soumet au droit de 3 francs les prestations de serment des greffiers et huissiers, des juges de paix, des gardes des douanes (§ 3, n° 3), et au droit de 15 francs celles des notaires et de tous les employés salariés par l'État, autres que ceux compris sous le paragraphe 3, n° 3 (§ 4, n° 4).

« Les secrétaires agents comptables étant salariés par l'État, leur prestation de serment est soumise au droit d'enregistrement et ne saurait en être exemptée, car l'article 59 de la loi précitée dispose qu'aucune autorité publique ne peut accorder la remise ou la modération des droits d'enregistrement.

« Néanmoins, mes prédécesseurs, interprétant les dispositions déjà citées de l'article 69, ont toujours reconnu, et notamment par une décision du 9 mai 1817, que le serment prêté par les préposés de l'administration et par toutes autres personnes qui reçoivent un salaire de l'État est sujet, en principe, au droit de 15 francs; mais que le droit est de 3 francs lorsqu'il est justifié que les traitements, salaires ou remises n'excèdent pas 500 francs par année.

« D'après ces précédents j'ai, le 26 mars dernier, confirmé la décision ministérielle du 9 mai 1817. »

Je m'empresse, monsieur le recteur, de vous donner connaissance de ces dispositions bienveillantes, et je vous prie de les notifier immédiatement, dans votre ressort académique, à tous les fonctionnaires intéressés.

Recevez, etc.

Paris, le 5 mai 1868.

*Le ministre de l'instruction publique,*
V. DURUY.

---

**Arrêté du ministre de l'instruction publique, relatif à l'indemnité due aux membres des jurys de l'enseignement secondaire spécial pour les examens des candidats exempts du payement des rétributions** (2 juin 1868).

Le ministre secrétaire d'État au département de l'instruction publique,

Vu l'article 6 de la loi du 21 juin 1865;

Vu le décret du 12 août 1867, allouant une indemnité de présence aux membres des jurys d'examen pour le brevet de capacité de l'enseignement spécial;

Vu l'arrêté ministériel du 7 septembre suivant, qui a fixé le taux de cette indemnité;

Vu le décret du 15 avril 1868, qui exempte des droits d'examen et de diplôme les élèves boursiers de l'école normale de Cluny,

Arrête :

L'indemnité de 25 francs, fixée par l'article 1er de l'arrêté du 7 septembre 1867 susvisé, est acquise aux membres des jurys d'examen pour le brevet de capacité, lors même que les candidats ne sont passibles d'aucun droit d'examen et de diplôme, ou lorsqu'ils obtiennent, à titre de faveur, le remboursement de ces droits.

Fait à Paris, le 2 juin 1868.

V. Duruy.

---

**Arrêté du ministre de l'instruction publique, modifiant la nature des compositions du concours général des départements pour l'enseignement secondaire spécial** (30 décembre 1868)[1].

Le ministre secrétaire d'État au département de l'instruction publique,

Vu le décret en date du 21 décembre 1867;

Vu l'arrêté en date du 30 décembre 1867, concernant les prix attribués à l'enseignement spécial au concours général des départements;

Après avis du conseil supérieur de perfectionnement pour l'enseignement spécial,

Arrête :

Art. 1er. Les lycées et colléges où l'enseignement spécial est établi sont appelés à prendre part, en 1869, au concours général des départements pour les trois compositions suivantes, dont les sujets seront choisis exclusivement dans les matières de la troisième année d'études, savoir :

1° Histoire et morale, littérature française ou législation usuelle;

2° Mathématiques, mécanique et géométrie descriptive;

3° Physique, chimie et sciences naturelles.

1. Voir l'arrêté du 30 décembre 1867 (p. 69).

Art. 2. Les concurrents qui n'auront pas dépassé, au 1er janvier 1869, dix-sept ans révolus seront seuls admis à concourir.

Fait à Paris, le 30 décembre 1868.

V. DURUY.

**Décret impérial, modifiant les conditions d'âge et de stage pour l'admission aux épreuves de l'agrégation des lycées** (10 février 1869).

NAPOLÉON, par la grâce de Dieu et la volonté nationale, Empereur des Français, à tous présents et à venir, salut :

Sur le rapport de notre ministre secrétaire d'État au département de l'instruction publique;

Vu le décret du 10 avril 1852;

Le conseil impérial de l'instruction publique entendu,

Avons décrété et décrétons ce qui suit :

Art. 1er. Est abrogée la disposition du deuxième paragraphe de l'article 7 du décret susvisé du 10 avril 1852, portant que les candidats à l'agrégation des lycées doivent être âgés de vingt-cinq ans.

La durée du stage imposé à ces candidats par le même article est réduite à trois ans pour ceux qui justifient d'un stage dans l'enseignement public et à quatre ans pour ceux dont le stage est fait dans l'enseignement libre[1].

Art. 2. Notre ministre secrétaire d'État au département de l'instruction publique est chargé de l'exécution du présent décret.

Fait au palais des Tuileries, le 10 février 1869.

NAPOLÉON.

**Arrêté du ministre de l'instruction publique, modifiant les conditions d'admission à l'école normale spéciale de Cluny** (19 février 1869).

Le ministre secrétaire d'État au département de l'instruction publique,

Vu le décret du 28 mars 1866, portant création d'une école normale de l'enseignement secondaire spécial;

1. Aux termes du décret du 10 avril 1852, la durée de ce stage était de cinq ans.

Vu le règlement, en date du 30 juin 1866, pour l'admission à l'école normale de l'enseignement secondaire spécial de Cluny;

Après avis du conseil supérieur de perfectionnement de l'enseignement secondaire spécial, et le conseil impérial de l'instruction publique entendu,

Arrête :

Art. 1er. L'école reçoit des boursiers dont la pension est payée par l'État, par les départements, par les communes et par les particuliers.

Elle reçoit, en outre, des élèves payants.

Les candidats à l'école de Cluny doivent avoir subi avec succès les épreuves d'un examen ou d'un concours ; d'un examen, s'il s'agit d'élèves payants; d'un concours, s'il s'agit de candidats à des bourses de l'État ou à des bourses de départements, de communes et de particuliers qui préfèrent ce second mode au premier.

Le concours ou examen se passe au chef-lieu du département ou dans une autre localité du même département désignée par le ministre.

Art. 2. Il est ouvert, chaque année, dans la première quinzaine de juillet, un concours pour les candidats aux bourses impériales. Les concours ou examens pour les bourses des départements, des communes ou des particuliers, ainsi que les examens des élèves payants, ont lieu séparément, aux mêmes époques et devant les mêmes juges que le concours ouvert pour les bourses de l'État.

Art. 3. L'inscription des candidats a lieu du 15 avril au 1er juin, sur un registre ouvert à cet effet dans toutes les académies.

Art. 4. Les pièces à produire par les candidats pour leur inscription sont :

1° L'acte de naissance, constatant qu'au 1er octobre de l'année dans laquelle le candidat se présente, il sera âgé de dix-huit ans au moins et de vingt-cinq ans au plus;

2° Le brevet primaire complet, ou le diplôme institué par l'article 4 de la loi du 21 juin 1865[1], ou le certificat d'admissibilité à l'école centrale des arts et manufactures, ou le diplôme de bachelier ès lettres ou ès sciences;

1. Voir la loi du 21 juin 1865 (p. 1).

3° Un certificat de médecin, constatant qu'il a été vacciné ou qu'il a eu la petite vérole, et qu'il n'est atteint d'aucune infirmité ou d'aucun vice de constitution qui le rende impropre à l'enseignement;

4° L'engagement légalisé de se vouer pendant dix ans à l'instruction publique, si le candidat est majeur, et, en cas de minorité, une déclaration du père ou du tuteur, dûment légalisée, l'autorisant à contracter cet engagement; cette déclaration doit être faite sur papier timbré et se rapporter à l'année même du concours;

5° Une note signée de lui, indiquant, avec la profession de son père, la demeure de sa famille, les lieux qu'il a habités depuis l'âge de quinze ans et les établissements dans lesquels il a fait ou terminé ses études;

6° Un certificat d'aptitude aux fonctions de l'enseignement, délivré par les chefs des établissements auxquels il peut avoir appartenu, soit comme élève, soit comme maître. Ce certificat devra être visé par le recteur.

Art. 5. Les élèves payants sont dispensés des justifications exigées par les paragraphes 2, 3, 4 et 6 de l'article précédent, sauf le certificat du médecin constatant qu'ils ont été vaccinés ou qu'ils ont eu la petite vérole.

Art. 6. Les recteurs font parvenir au ministre, avant le 15 juin, les renseignements qu'ils ont recueillis sur les antécédents, les mœurs, les habitudes, le caractère, en un mot, l'aptitude morale des candidats, et ils y ajoutent leur avis motivé.

Art. 7. Le ministre arrête la liste définitive des concurrents pour les bourses de l'État.

Art. 8. Le concours pour les bourses de l'État et l'examen dont il a été parlé ci-dessus se composent :

I. Pour la section des sciences, de quatre épreuves : trois épreuves écrites, une épreuve orale.

Les épreuves écrites ont pour objet :

1° Une question élémentaire sur l'histoire et la géographie de la France;

2° Une question d'arithmétique appliquée (programme de première et seconde année) et une question de géométrie (programme du plan d'études pour l'enseignement spécial);

3° Un exercice de dessin linéaire et de dessin d'ornement (programme de l'année préparatoire, première et seconde année).

La durée de chacune de ces épreuves est de trois heures.

Il est interdit aux candidats, soit de faire usage de livres ou de notes manuscrites, soit de communiquer au dehors ou entre eux.

L'épreuve orale porte sur les matières ci-après déterminées :

Physique (programme de première année);
Histoire et géographie de la France;
Chimie (programme de seconde année);
Histoire naturelle (notions usuelles, extraites du programme du plan d'études de l'enseignement spécial).

La durée de l'épreuve orale est d'une heure.

L'épreuve orale est seule publique.

Ne peuvent être admis à l'épreuve orale que les candidats ayant subi toutes les épreuves écrites.

Les candidats qui en ont fait la demande sont examinés sur les langues vivantes; il est tenu compte des résultats de cette épreuve dans l'ensemble du classement en ce qui les concerne.

Les candidats qui justifieront du diplôme de bachelier ès sciences seront dispensés des épreuves orales.

II. Pour la section littéraire et des sciences économiques, l'examen se compose de trois épreuves : deux épreuves écrites, une épreuve orale.

Les épreuves écrites ont pour objet :

1° Une composition française sur un sujet de littérature ou de morale;

2° Une composition sur un sujet d'histoire ou de géographie de la France.

La durée de chacune de ces épreuves est de trois heures.

Il est interdit aux candidats soit de faire usage de livres ou de notes manuscrites, soit de communiquer au dehors ou entre eux.

L'épreuve orale porte sur les matières ci-après déterminées :

Littérature française (analyses et commentaires des principaux auteurs du dix-septième siècle);
Histoire ancienne, grecque et romaine; histoire de France;
Géographie générale et géographie de la France;
Morale (programme de troisième année);
Arithmétique et premiers éléments de géométrie.

Les candidats qui en auront fait la demande seront examinés sur les langues vivantes, la législation usuelle et l'économie politique. Il sera tenu compte du résultat de ces épreuves dans l'ensemble du classement en ce qui les concerne.

Les candidats qui justifieront du diplôme de bachelier ès lettres seront dispensés des épreuves orales.

Art. 9. Lorsque les épreuves auront lieu au chef-lieu du département, le jury institué par l'arrêté du 6 mars 1866[1] pour la délivrance du diplôme d'études est chargé de l'examen des candidats aux bourses de l'État.

Dans le cas contraire, une commission spéciale, composée également de trois membres, un pour les lettres et deux pour les sciences, est désignée par le ministre. Elle est présidée par l'inspecteur d'académie.

Art. 10. Les compositions des candidats aux bourses de l'État et le rapport faisant connaître les résultats de l'examen oral qui les concerne sont transmis au ministre par les soins des recteurs.

Une commission nommée par le ministre est chargée de la correction des compositions; elle classe les candidats par ordre de mérite et propose une liste d'admission.

Art. 11. La liste générale d'admission à l'école normale spéciale de Cluny est arrêtée par le ministre.

Fait à Paris, le 19 février 1869.

V. Duruy.

---

**Arrêté du ministre de l'instruction publique, modifiant le mode d'examen du brevet de capacité de l'enseignement secondaire spécial** (26 février 1869).

Le ministre secrétaire d'État au département de l'instruction publique,

Vu les articles 1er et 6 de la loi du 21 juin 1865;

Vu les articles 3 et 4 de l'arrêté du 6 mars 1866;

Après avis du conseil supérieur de perfectionnement de l'enseignement secondaire spécial;

Le conseil impérial de l'instruction publique entendu,

Arrête :

Art. 1er. Le brevet de capacité pour l'enseignement secondaire spécial est délivré sous deux formes, ainsi qu'il est

1. Voir l'arrêté du 6 mars 1866 (p. 14).

spécifié ci-dessous; il est conféré à la suite d'un examen subi devant le jury institué conformément à l'article 3 de l'arrêté du 6 mars 1866[1].

Art. 2. Nul n'est admis à subir cet examen avant l'âge de dix-huit ans.

Art. 3. L'examen comprend des épreuves écrites et des épreuves orales, partagées en deux séries et au choix du candidat.

La durée de chaque épreuve écrite est de trois heures.

Il est interdit aux candidats, soit de faire usage de livres ou de notes manuscrites, soit de communiquer au dehors et entre eux.

L'ensemble des épreuves écrites est éliminatoire.

Art. 4. Les épreuves écrites de la première série sont les suivantes :

1° Une composition française;

2° Une composition de mathématiques;

3° Une composition de physique et chimie.

Les épreuves orales portent sur :

La morale, la littérature française, l'histoire et la géographie (programme de troisième année);

Les mathématiques appliquées, la physique, la chimie, la mécanique, l'histoire naturelle, et leur application à l'agriculture et à l'industrie;

Le dessin linéaire, la comptabilité et la tenue des livres.

Art. 5. Dans la deuxième série, les épreuves écrites sont les suivantes :

1° Une composition sur un sujet de morale ou de littérature;

2° Une composition sur un sujet d'histoire et de géographie;

3° Une composition sur un sujet de législation usuelle ou d'économie commerciale, industrielle ou agricole.

Les épreuves orales portent sur :

La morale, la langue et la littérature françaises, l'histoire, la géographie;

La comptabilité et la tenue des livres, la législation civile; l'économie commerciale, industrielle et agricole;

L'arithmétique, la géométrie et les éléments de la physique (matières du baccalauréat ès lettres).

Art. 6. Pour les élèves de l'école normale de Cluny qui se destinent à l'enseignement des langues vivantes, la composi-

1. Voir l'arrêté du 6 mars 1866 (p. 14).

tion et les épreuves orales qui se rapportent à la législation et à l'économie commerciale, industrielle et agricole, sont remplacées par les épreuves prescrites pour le certificat d'aptitude à l'enseignement des langues vivantes.

Le brevet délivré avec mention pour les langues vivantes est valable pour la présentation des candidats à l'agrégation des langues vivantes.

Art. 7. Les candidats pourront, s'ils en font préalablement la demande, être interrogés sur les matières de l'enseignement secondaire spécial qui ne sont pas comprises dans les programmes d'examen déterminés par le présent arrêté.

Mention sera faite au diplôme des principales matières de la série choisie par le candidat, ainsi que des autres matières sur lesquelles il aura répondu d'une manière satisfaisante.

Art. 8. Les jurys académiques chargés d'examiner les candidats au brevet de capacité se réunissent deux fois par an : au mois d'août et au mois de novembre.

En ce qui concerne les élèves de l'école normale de Cluny, l'examen est subi, à l'école même, devant une commission nommée par le ministre.

Fait à Paris, le 26 février 1869.

V. Duruy.

---

**Arrêté du ministre de l'instruction publique, modifiant et résumant les conditions des concours d'agrégation des lycées** (27 février 1869).

Le ministre secrétaire d'État au département de l'instruction publique,

Vu le règlement du 17 juin 1845 sur le concours d'agrégation des colléges;

Vu les décrets des 10 avril 1852, 14 et 17 juillet 1857, 17 et 20 juillet 1858, 11 juillet 1860, 29 juin 1863, 27 novembre 1864 et 28 mars 1866;

Vu les arrêtés des 27 décembre 1855, 16 juillet 1857, 21 juillet 1858, 19 février 1859, 11 et 27 juillet 1860, 16 juillet 1861, 10 juillet et 4 décembre 1863, 5 et 22 décembre 1864, 28 mars et 24 décembre 1865, 24 décembre 1866;

Vu le décret du 10 février 1869, portant modification des conditions d'âge et de stage exigées des candidats à l'agrégation des lycées;

Considérant qu'il importe de réunir dans un seul règlement les dispositions relatives aux concours d'agrégation des lycées, en y faisant les modifications et additions réclamées par l'expérience et par l'intérêt des études;

Le conseil impérial de l'instruction publique entendu,

Arrête ce qui suit :

### Titre Ier. — *Ordres divers d'agrégation. Époque des concours. Juges des concours.*

Art. 1er. Il y a des concours d'agrégation :

Pour les classes de philosophie,
Pour les classes supérieures des lettres,
Pour les classes d'histoire et de géographie,
Pour les classes de grammaire,
Pour les classes de langues vivantes,
Pour les classes de sciences mathématiques,
Pour les classes de sciences physiques,
Pour les classes de sciences naturelles,
Pour les classes littéraires et des sciences économiques de l'enseignement secondaire spécial,
Pour les classes scientifiques de l'enseignement secondaire spécial.

Art. 2. L'époque de chaque concours est fixée par le ministre au moins six mois d'avance.

Art. 3. Les juges des concours sont nommés par le ministre de l'instruction publique. Ils sont au nombre de trois au moins pour chaque concours.

### Titre II. — *Conditions requises pour concourir.*

Art. 4. Les candidats justifient du temps de stage exigé par le décret susvisé du 10 février 1869[1], savoir :

Pour les années passées dans les établissements publics, par un état de services visé du recteur;

Pour les années passées dans les établissements libres : 1° par une attestation du recteur qu'à leur entrée en fonc-

1. Aux termes du décret du 10 février 1869 (p. 75), la durée de stage exigé pour l'admission aux concours d'agrégation a été réduite à trois ans pour ceux qui justifient d'un stage dans l'enseignement public et à quatre ans pour ceux dont le stage est fait dans l'enseignement libre.

tions dans cet établissement, ils en ont fait la déclaration écrite au chef-lieu de l'académie; 2° par des certificats du chef de l'établissement, à eux délivrés à la fin de chaque année scolaire, visés du recteur, et attestant qu'ils ont fait la classe sans interruption.

Les élèves de l'École normale supérieure qui ont suivi avec succès le cours triennal des études sont autorisés à se présenter immédiatement au concours de l'agrégation sans avoir à justifier d'un stage.

La même autorisation est accordée, pour les agrégations des sciences, soit dans l'enseignement classique, soit dans l'enseignement spécial, aux élèves de l'école polytechnique jugés admissibles dans les services publics et pourvus des grades exigés.

Pour l'agrégation de l'enseignement spécial sont également exemptés du stage : 1° les élèves de l'école normale d'enseignement spécial de Cluny qui ont fait une troisième année dans ladite école; 2° les licenciés; 3° les anciens élèves de l'école centrale des arts et manufactures munis du diplôme; 4° les anciens élèves libres de l'école des ponts et chaussées ou de l'école des mines pourvus du diplôme délivré par ces écoles.

Les deux années passées à l'école normale de Cluny comptent pour autant d'années de stage.

Pour toutes les agrégations, le diplôme de docteur ès lettres ou de docteur ès sciences compte pour deux années de stage.

Les anciens élèves de l'école des chartes, licenciés ès lettres, pourvus du diplôme d'archiviste paléographe, sont autorisés à se présenter au concours après deux années d'enseignement.

Art. 5. Les candidats doivent justifier en outre, sauf les exceptions précitées, qu'ils sont pourvus des grades ci-après déterminés :

Philosophie : Licence ès lettres et Baccalauréat ès sciences.

Classes supérieures des lettres : Licence ès lettres.

Histoire et géographie : Licence ès lettres.

Classes de grammaire : Licence ès lettres.

Langues vivantes : Licence ès lettres ou Certificat d'aptitude à l'enseignement des langues vivantes.

Sciences mathématiques : Licence ès sciences mathématiques et Licence ès sciences physiques.

Sciences physiques : Licence ès sciences mathématiques et Licence ès sciences physiques.

Histoire naturelle : Licence ès sciences physiques et Licence ès sciences naturelles.

Enseignement secondaire spécial : Brevet de capacité institué par l'article 6 de la loi du 21 juin 1865[1].

Les docteurs ès sciences physiques, s'ils sont licenciés ès sciences naturelles, et les docteurs ès sciences naturelles, s'ils sont licenciés ès sciences physiques, peuvent être dispensés, pour l'agrégation des sciences physiques, de produire le diplôme de licencié ès sciences mathématiques.

Art. 6. Sont dispensés du brevet de capacité pour l'agrégation de l'enseignement spécial les candidats pourvus d'un diplôme de licence, les anciens élèves de l'école polytechnique jugés admissibles dans les services publics, les anciens élèves de l'école centrale munis du diplôme, les anciens élèves libres de l'école des ponts et chaussées ou de l'école des mines pourvus du diplôme délivré par ces écoles.

## Titre III. — *Inscription pour le concours.*

Art. 7. Les aspirants se font inscrire, au moins deux mois avant le jour de l'ouverture du concours, au secrétariat de l'académie dans laquelle ils résident.

Le recteur doit donner avis de cette inscription, dans les huit jours, au ministre de l'instruction publique, en y joignant ses observations.

Art. 8. Les listes des candidats sont définitivement arrêtées par le ministre de l'instruction publique.

Les candidats admis à prendre part aux épreuves de l'agrégation sont avertis quinze jours au moins avant l'ouverture du concours.

## Titre IV. — *Formes générales du concours.*

Art. 9. Les épreuves de l'agrégation des lycées sont de deux sortes : les épreuves préparatoires et les épreuves définitives.

Art. 10. Les épreuves préparatoires consistent en compositions écrites. Elles durent quatre heures pour les thèmes et les versions, sept heures pour les autres compositions.

Elles ont lieu à Paris, sous la surveillance d'un des membres du jury, et hors de Paris, au chef-lieu académique, sous la surveillance du recteur ou de l'inspecteur d'académie délégué.

1. Voir la loi du 21 juin 1865 (p. 1) et l'arrêté du 26 février 1869 (p. 79).

Art. 11. Avant de subir les épreuves préparatoires, chaque candidat appose sa signature sur une feuille disposée à cet effet, en y joignant l'indication de ses grades universitaires ou des titres qui y sont assimilés. Cette signature est reproduite sur chacune des compositions.

Art. 12. Les sujets de composition sont donnés par le président, sous l'approbation du ministre.

Les candidats, sous peine d'exclusion, ne peuvent s'aider d'aucun manuscrit ni d'aucun ouvrage imprimé, à l'exception de dictionnaires grecs ou latins ou de tables de logarithmes; ils ne peuvent avoir aucune communication, soit entre eux, soit au dehors.

Art. 13. Le jury dresse, d'après le résultat des épreuves préparatoires, une liste, par ordre alphabétique, des candidats admis à prendre part aux épreuves définitives. Cette liste est immédiatement transmise au ministre et rendue publique.

Art. 14. Les épreuves définitives sont subies, soit au chef-lieu de l'académie de Paris, soit au chef-lieu d'une autre académie désignée par le ministre.

Elles consistent en corrections de devoirs d'élèves, en argumentations et explications de textes, en leçons et en épreuves pratiques.

Les épreuves orales sont publiques.

Art. 15. Les candidats sont tenus, à peine d'exclusion, de subir toutes les épreuves aux jours et heures qui leur sont indiqués. Aucune excuse ne sera reçue, si elle n'est jugée valable par le jury.

. . . . . . . . . . . . . . . . . . . . . .

### Titre XIII. — *Agrégation de l'enseignement secondaire spécial.*

Art. 49. L'agrégation pour l'enseignement secondaire spécial comprend deux concours :

1° Un concours pour les classes littéraires et des sciences économiques;

2° Un concours pour les classes des sciences appliquées.

Art. 50. Les candidats pourvus d'un diplôme de docteur en droit, ès lettres ou ès sciences, les anciens élèves de l'école normale supérieure, les élèves de l'école polytechnique admis dans les services publics, les anciens élèves de l'École centrale munis du diplôme, les anciens élèves libres de l'école des ponts et chaussées et de l'école des mines pourvus du diplôme délivré par ces écoles, sont admis de droit aux épreuves définitives, mais ne sont pas dispensés des épreuves préparatoires.

Art. 51. Les candidats sont autorisés à adresser au jury, avec leurs compositions écrites :

Pour la section scientifique, des mémoires relatifs aux usines, ateliers, chantiers de construction, exploitations industrielles ou agricoles, travaux hydrauliques, recherches d'eaux ou de minerais, etc., qu'ils auront étudiés dans le cours de l'année ;

Pour la section littéraire et économique, les recherches qu'ils auront faites sur des questions d'économie rurale, sur les établissements de crédit, d'assurance, de secours mutuels, de commerce, de production agricole ou industrielle, de coopération, et, en général, sur les institutions économiques.

Le jury pourra demander aux auteurs de ces mémoires des explications verbales en séance publique : dans ce cas, ces travaux particuliers compteront pour le classement définitif. Ils peuvent être imprimés ou manuscrits.

*Concours pour la partie littéraire et économique de l'enseignement spécial.*

Art. 52. Pour épreuve préparatoire, les candidats font trois compositions :

1° Sur un sujet de morale ou de littérature ;

2° Sur un sujet d'histoire ou de géographie ;

3° Sur un sujet de législation usuelle ou d'économie commerciale, industrielle ou agricole.

Art. 53. La première partie des épreuves définitives se partage en deux séries, au choix du candidat.

Première Série : Littérature française et législation usuelle :

1° Correction d'un devoir sur la littérature, la morale, l'histoire ou la législation civile ;

2° Lecture, analyse et commentaire d'un passage tiré au sort à l'instant même parmi les auteurs classiques français désignés par le ministre six mois avant l'ouverture du concours ;

3° Tracé, au tableau, de la carte d'une contrée désignée par le jury, avec des explications orales sur la géographie physique et politique de cette contrée.

Deuxième Série : Sciences économiques :

1° Correction d'un devoir sur la législation commerciale, industrielle ou agricole;

2° Analyse et discussion des statuts d'une institution de crédit ou d'un établissement financier;

3° Exercice de comptabilité par écrit.

Le jury détermine la durée de ces épreuves et la durée de la préparation, qui est faite dans un lieu fermé, sans livres ni notes et sans communication entre les candidats ni au dehors.

Art. 54. La seconde partie des épreuves définitives consiste en trois leçons :

1° Sur la grammaire, ou la littérature française, ou la morale;

2° Sur l'histoire ou la géographie;

3° Au choix du candidat, sur la législation usuelle ou sur l'économie commerciale, industrielle ou agricole.

Chaque leçon dure une heure au plus et porte sur un sujet tiré au sort et donné vingt-quatre heures à l'avance.

*Concours pour l'enseignement des sciences appliquées.*

Art. 55. Les épreuves préparatoires consistent :

1° En une composition française;

2° En une composition d'arithmétique et de géométrie;

3° En une composition de physique ou de mécanique élémentaire.

Art. 56. La première partie des épreuves définitives se partage en deux séries, au choix du candidat.

Première Série : Sciences mathématiques :

1° Épure de géométrie descriptive appliquée;

2° Levé de plan d'après des mesures prises sur le terrain sous la surveillance d'un membre du jury : les opérations devront donner lieu à l'emploi des formules de trigonométrie;

3° Dessin de machine d'après des croquis pris dans une usine sous la surveillance d'un membre du jury.

Deuxième Série : Sciences physiques :

1° Expérience de physique;

2° Manipulation de chimie;

3° Détermination de roches, minéraux, animaux ou plantes choisis parmi les espèces communes de la France : cette épreuve, autant qu'il sera possible, aura lieu sur le terrain; préparation d'histoire naturelle.

La durée de chaque épreuve est fixée par le jury.

Art. 57. La seconde partie des épreuves définitives consiste en leçons qui portent, au choix du candidat, sur les mathématiques appliquées ou sur les sciences physiques et naturelles appliquées.

Première Série : Sciences mathématiques appliquées :

Première leçon : Algèbre et Trigonométrie et leurs applications ;

Seconde leçon : Géométrie descriptive et ses applications ;

Troisième leçon : Mécanique et ses applications.

Deuxième Série : Sciences physiques appliquées :

Première leçon : Physique et ses applications ;

Seconde leçon : Chimie et ses applications ;

Troisième leçon : Histoire naturelle et ses applications.

Chaque leçon est faite après trois heures de préparation dans un lieu fermé; après cinq heures, si elle comporte des expériences ou manipulations.

La durée de la leçon est d'une heure au plus.

## TITRE XIV. — *Résultat des épreuves des diverses agrégations.*

Art. 58. Après la dernière épreuve, le jury apprécie la valeur des épreuves de chaque candidat et désigne, par ordre de mérite, ceux qu'il estime dignes d'être agrégés.

En cas de partage, la voix du président est prépondérante.

La délibération du jury ne peut être rendue publique qu'après la décision du ministre.

Art. 59. Le procès-verbal de toutes les opérations du concours, séance par séance, est dressé par un des juges, remplissant les fonctions de secrétaire, et signé par tous. Chacun d'eux peut y joindre ses observations particulières.

Ce procès-verbal est transmis au ministre de l'instruction publique avec un rapport du président du jury.

Art. 60. Un délai de dix jours est accordé, pendant lequel tout concurrent ayant pris part à tous les actes du concours pourra se pourvoir devant le ministre contre les résultats dudit concours, seulement pour violation des formes prescrites. L'institution ne sera donnée qu'après l'expiration de ce terme et le jugement des réclamations qui seraient intervenues.

Fait à Paris, le 27 février 1869.

V. DURUY.

# TABLE.

JULES DELALAIN
IMPRIMEUR DE L'UNIVERSITÉ
PARIS.

www.ingramcontent.com/pod-product-compliance
Ingram Content Group UK Ltd.
Pitfield, Milton Keynes, MK11 3LW, UK
UKHW021554260726
13993UKWH00002B/837

9 782329 269290